冰鑑識人學

看曾國藩如何成功識人、用人

公孫策——著

〈專文推薦〉

冰鑑的前世今生

朱振藩

《冰鑑》絕對是本奇書，不僅身世玄，詞藻美，論述精，而且格高品雋，特別耐人尋味。

記得三十餘年前，我初讀南懷瑾大師的《論語別裁》時，就對其中的「有人說，清代中興名臣曾國藩有十三套學問，流傳下來的只有一套——《曾國藩家書》，其實傳下來的有兩套，另一套是曾國藩看相的學問——《冰鑑》這一部書。他所包涵看相的理論，不同其他的相書」這幾句話，留下了深刻的印象。但多方搜羅後，得曾大經綸閣氏手書的影本及簡沙侶重抄於澳門客次的手抄影本，如獲至寶，不但置諸案右，且常隨身攜帶，朝夕捧讀，玩味其中。忽焉至今，已超過二十五年的光景了。而我個人最得意的事蹟之一，便是將《冰鑑》與另一相學鉅著《人倫大統賦》二書，從頭到尾，背誦如流，且在運用之時，「不擇地皆可出」。這對我日後在教授相學及幫人觀相時，出口即成章，實受益匪淺。

冰鑑原本是遠古時候的一種盛冰陶器，猶如今之冰箱。後人引而申之，成為有識之官。如南朝梁金紫光祿大夫江淹（註：撰寫〈別賦〉、〈恨賦〉兩千古名文之作者）於〈謝開府辟召表〉奏稱：「臣謬贊國機，職宜冰鑑。」其後再將精於鑑別賢與不肖者，稱之為「冰鑑」。有鑑於此，本書作者遂將此一扼要精微之著作，命名為《冰鑑》。

早於南懷瑾之史孝庵，曾編《曾文正之冰鑑》一書，此當為《冰鑑》一書作者為曾國藩之所本。只是冰鑑七篇，世上甚少刻本，一向稱為秘笈，大約至清德宗光緒以後，才有刻本行世。據王派滄的先祖年堪公表示，曾獲覽此書之手抄本三種及庚辰活字印刷本一種。其中二種之序，皆指出作者乃「真人羅祖」，一稱此書「湮沒久矣，余獲贈一鈔本而弗敢私也。偏示同人，莫不稱善」；另一稱此乃「純然為闡道之言，但世不經見」。然而，羅祖究竟是何許人，二序皆語焉不詳，復遍查其他典籍，亦渺茫而不可考。

經鍥而不捨下，查到清人紀昀《烏魯木齊雜記》寫著：「薙公所奉神曰羅祖。」

又《道光朝東華錄》記載：「各幫糧船舵把謂有三教：『一曰潘安；一曰老安；一曰新安。』所祀之神，名曰羅祖。」此外，《九疑齋筆記》亦記載：「奉羅祖者，盛於乾隆，其黨曰安清道友。」可見這位羅祖，終為一神秘人物，一般認為是下層社會所崇奉。遂有人認為相士們因本書「世不經見」、「湮沒久矣」，乃故弄玄虛，託羅祖之名欺世，以神其說。

關於此點，王派滄先生考證甚詳。原來羅祖諱清字愛泉，道號淨清。甘肅蘭州渭源縣東鄉羅家莊人。生於明世宗嘉靖十七年三月三日。父名天文，母秦氏，兄弟五人，羅祖居次。其相貌清奇，生性耿直，且博學廣聞，素識滿蒙回藏文字，七歲能文，十二歲入黌門、十七歲中嘉靖恩科舉人，後賜進士出身，擢任監察御史、戶部侍郎，因征西有功晉封平西侯。自修道後，以有功於朝廷，嘉靖帝封他為定國真人，並受賜石匣天書。編撰《定國天書五部》，內容均為治世修道之大法。爾後追隨恨修禪師參道，終成清門第二代淨字派之祖師爺。基於此，《冰鑑》一書應係羅祖所撰，絕非假托或訛傳。

以相選將始於唐代名將李勣，據《譚賓錄》記載：「李勣每臨陣選將，必相有福祿者，而後遺之。人問其故？對曰：『薄命之人，不足與成功名。』君子以為知言。」曾國藩從《冰鑑》中獲益良多，其擅知人之稱，以識新寧江忠源岷樵始。兩人在京師晤談後，曾氏對其他人說：「是人必立功名於天下，然當以節義死。」後竟如其所言。不過，曾國藩一生之事業，「均從知人善任四字做出」。曾表示：「閱歷世變，但覺除得人外，無一事可恃。」由此觀之，從《冰鑑》著手，乃立身處世、縱橫職場的不二法門。

歷來於註釋、解讀《冰鑑》者不乏其人，我所見過者，以王派滄、簡熙堯、歐陽相如三家最佳，均有其創見。今觀公孫策先生所撰之導讀，由清代中興名臣曾國藩、胡林翼、左宗棠及李鴻章入手（註：實以曾氏為主），與《冰鑑》原文環環相扣、互為表裡，堪稱別開生面之力作。除文字明白曉暢，探討深入淺出外，更與現勢結合，供現代人取法，實業商者寶典、迷津者之指南。如能再三玩味，必將「大匠能授人以規矩，不能使人巧」之「巧」字，發揮得淋漓盡致，進而在詭譎難測的商場中，百戰百勝，無往不利。

末了，引曾國藩拈出的另一相術口訣，聊供讀者諸君參考。其訣曰：「邪正看眼鼻，聰明看嘴唇；功名看氣宇，事業看精神。壽夭看指爪，風波看腳跟；若要問條理，全在語言中。」

（本文作者為專欄作家）

冰鑑 識人學 目錄

〈導讀〉
曾國藩的觀人術，現代人的形象學

《冰鑑》一書，世傳為曾國藩的相人術。但是，有人說此書係曾國藩所著，則誤傳了。

本書附錄之手抄本，最後一段明明白白寫著：「余家有《冰鑑》七篇，不著撰人姓名……，南海吳榮光荷屋氏并識」。易言之，這本書既是吳榮光的「家藏」，且不知作者姓名，當然是吳榮光的先人藏書，而曾國藩則是吳榮光的晚輩，自無可能為曾國藩的著作。

吳榮光，字伯榮，荷屋是他的號。清期中葉名臣，歷任江西、河南、陝西、福建、浙江、湖南等地方官。他在湖南巡撫任內，於著名的長沙嶽麓書院修建「湘水校經堂」，專課經史，以經義、治事、詞章為主。在當時，那是一種「導正八股，講求實學」的作為。

湘水校經堂於一八三一年建立，而曾國藩在一八三四年到嶽麓書院「進修」，同年考中舉人，翌年上京赴試。極有可能，他在這段期間讀到了《冰鑑》這本書，甚至成為他日後「觀人」的重要參考書。

至於《冰鑑》這本書，一般人將它當相書來讀，可是它卻不是那種「削皮剝骨」的相書，更沒有「毫釐剖析」的面部圖譜，反而只有戔戔七章、二千多字，說的是原則而非細節。再就吳榮光註解來看：「觀人之法，孔有焉廋之辭，孟有眸子之論」——孔子在《論語・為政》說：「視其所以（動機），觀其所由（過程），察其所安（目標）。人焉廋（掩藏）哉！人焉廋哉！」《孟子・離婁上》：「聽其言也，觀其眸子（瞳），人焉廋哉！」孔孟說的都是觀人術，而非相人術。做為封疆大吏，肩負為國舉才之責，觀人術當然是「經世致用」的重要學問，所以吳榮光說「吾輩其可不知乎此」，並將之刻印傳世。所以，曾國藩既然師承湖湘學派，以經世致用為職志，有這麼一本觀人術參考書，乃是合理的推論。

然而，即使《冰鑑》是一本「最不像相書的相書」，它畢竟還是一本相書。曾國藩一生以「識人之明」見稱，帶過數十萬兵、用過數百名將領、推薦過十數位督撫封疆大吏，他是憑著閱歷觀察，或者參考了多少相法？

基本上，曾國藩對命運、占卜是不信的。

曾國藩一八六一年兵困江西時，心情低潮令他「實無生人之樂趣」，甚至已經寫好「遺囑」給兒子曾紀澤和曾紀鴻。遺囑最末段叮嚀祖父星崗公（曾玉屏）的家訓「八字、三不信」：八個字是「書蔬魚豬，早掃考寶」，三不信是不信僧巫、地仙、醫藥，其中所謂地仙，就是風水師、相卜師（不信醫藥是指不要相信走方郎中為賣藥而誇大病情，並非有病不吃藥之意）。

曾國藩對所謂「富貴之相」的看法，在他的《日記》中有一段：

端莊厚重是貴相，謙卑涵容是貴相。
事有歸著是富相，心存濟物是富相。

易言之，他信的是內在修為會引導「相隨心轉」，莊重能容自然貴，踏實有同情心自然富。

然而，關於曾國藩善於看相的故事卻流傳甚廣，其中最有名的一則見於《古春風樓瑣記》：

李鴻章募成淮軍之後，帶領幾位將領赴營參謁曾大帥，曾國藩接見這幾位淮軍將領，一言不發，點點頭、揮揮手讓他們先退出，然後對李鴻章說：「少荃（李鴻章字），這些人確都不差，將來有成就的，當以那個麻面少年的成就最大。」

李鴻章問何以見得？曾國藩說：「各人見我出來，都改容屏息肅之，只有那麻面少年見我走過，昂然而立，眉宇間似有不平之色。此人膽量與才氣，都遠在諸人之上。你如不能用，殺了他，以免後患。」

那麻面少年，就是劉銘傳。以此見之，曾國藩是善於「相人」的，可是卻不是用一般相法那種「削皮剝骨」的解剖方法，而是望其神、氣、色——這就和《冰鑑》的方法相合了。

在他的《日記》中有一例，針對當天見過的幾位新任哨官：

王春發：口鼻方正，眼有清光，色豐美，有些出息。

毛全陞：鼻梁正，中有斷紋。目小，眼無神光。口小，不可恃。

康順利：目小有精光，眉粗，笨人。

曾國藩觀人一定先觀眼神，其次看五官配置，這和《冰鑑》的方法：「文人先觀神骨，開門見山，此為第一」的確是相合的。

命相占卜之學，信者言之鑿鑿，不信者嗤之以鼻。我個人視之為「統計學」，甚至包括「現代相術」如血型、星座等，皆屬統計經驗的累積，不能說完全沒有根據，也不能以個案不符而全盤否定。但是，既然是統計，就有誤差，所以不可能完全命中，端視下斷之人累積了多少經驗（樣本數），以及他的判斷方法（解讀功力）如何。

若以此言之，則曾國藩的「樣本數」可是大得不得了，而且這些「樣本」更容許他長期觀察印證——因為他是大帥。

初募湘軍之時，曾國藩每天親自坐在招募處，看到「黑腳桿又不多話的鄉野老實之人」，就出聲「好，好」，此人就錄取了；看到「白面皮的城市之人」或話多之人，就出聲「唔、唔」，此人就不選入。易言之，打開始是每一個兵都經他親自看過（這個樣本數夠大了吧），而且這些子弟兵都跟著他出生入死，有些後來因戰功而賞賜「黃馬掛」（相當一級勳章之榮典），當然也有更多人壯烈成仁——這就是「印證」，什麼樣的人「福薄」、「福壽」都印在曾國藩的腦子裡。

湘軍後來膨脹到數十萬人，當然不可能由曾大帥一一面試，但是麾下所有營官（校級）、統領（將級）仍然全都由他委派、批准，而且湘軍的幹部一律內升：「營官由統領挑選，哨弁由營官挑選、什長由哨弁挑選，勇丁由什長挑選」，也就是得一級一級上報，這也使得曾國藩個人的「樣本數」一直在累積當中——有了如此龐大數量的資料庫、樣本數，曾國藩縱使不懂相法，也比任何半仙、鐵嘴準得多了吧！

此所以有一位幕僚後來著書回憶：「大帥在軍命將，說某人可為營官、某人可為大帥；某人福薄，當以死難著名；某人福壽，當以功久終。皆一一驗證。」有本事一一驗證，就是憑著曾國藩一生閱人無數。

《冰鑑》對曾國藩的幫助，更因為它是專門針對「文人」的一本相書，這又和當時的社會背景有著深刻的關係。

清朝的社會主幹是中小地主階級的知識分子，亦即所謂「耕讀世家」。中國社會雖然農民佔絕大多數，但是無田無產的佃農並沒有能力晉升他們的社會地位，因為供不起子弟讀書。耕讀世家則「進可攻，退可守」：家族中一旦有優秀子弟做了大官，不只是光宗耀祖，其他堂兄弟、子侄輩就都有機會得到庇蔭；而任一家族「發家」了，同學、同鄉、世交也都有了夤緣的機會，從而他們的佃農、長工也受到比較好的待遇。但是，書讀得好卻未必仕進順利，那些考運不好、做不到官的就安心在家開館授課，期待教出一個「英才」來光大門楣。

久而久之，一個龐大的紳士階級就形成了，他們是鄉梓的意見領袖，佃農階級則習慣於聽從紳士階級；到了清朝中葉以後，由於仕進的機會太少，全國紳士人數超過一百萬人，可是政府官職（包括候補虛銜）只能容納十五萬，也就是閒居不得志的紳士有幾十萬近百萬。

洪秀全就是一個考不取秀才的紳士，可是太平天國造反的號召卻是「外教」，非但不能贏得紳士（意見領袖）階級的支持，反被以儒家為正統的讀書人視為異端邪說——這給了曾國藩大好機會。

與曾國藩同時受命在地方組織鄉勇團練的不止湖南一地，後來卻只有湘軍成功，就是因為旁人只招募勇丁，曾國藩卻是「用紳士為將，用農夫為勇」。他在一個募勇奏摺中指出：「大抵山僻之民多獷悍，水鄉之民多浮滑；城市多游惰之習，鄉村多樸拙之夫。故善用兵者，嘗好用山鄉之卒，而不好用城市近水之人」。這也是前述他「好好」、「唔唔」的選卒原則。

用紳士擔任軍官，剛好符合農夫聽從紳士的慣性。而紳士階級閒居者既多，滿腔「報國血忱」，滿腹「經國大志」，有這麼一個天上掉下來的機會可以「上馬殺賊，下馬草露布」，自然熱衷參與。再加上一些原本已經享有名聲的知識分子，基於保衛先聖賢哲道統的立場，紛紛投入曾國藩幕府，於是人才昌盛——有將、有兵、有好幕僚，這是曾國藩成功的要件。

總之，紳士階級知識分子既是湘軍主幹，而《冰鑑》又專注於「文人」，自然對曾國藩在選擇將校時大有參考價值。

另外還有一點很重要：曾國藩面對的是戰陣凶危，後頭卻還有慈禧太后與滿族親貴的猜忌隱憂，偏偏他還得負責保舉人才——萬一保舉之人出了狀況，例如打了敗仗，一則被保舉之人遭殃，二則自己也會被連累。他在給曾國荃的家書中就說：「近世保人亦有多少為難之處。有保之人而旁人不以為然，反累斯人者；有保之而本人不以為德，反而仇隙者。余閱世已深，即薦賢亦多顧忌，非昔厚而今薄也。」以此得見，曾國藩愈到後期，推薦人才愈保守，而保守的原因則是擔心「若他闖了禍，我跟著倒楣」。

事實上，人生是有運氣的，有的人就是官運不好。

漢武帝時，下詔全國推薦人才，這些人才先安置在「郎署」見習，表現好，受到皇帝賞識就派官給他做。有一次，武帝到郎署巡視，遇見一個白髮老翁，這人名叫顏駟，從漢文帝時就擔任「郎」官。武帝很詫異：「為何年事已高，仍然為郎（郎多半是年輕人）？」顏駟回答：「文帝好文而臣好武，景帝喜老而臣年少，陛下喜少而臣已年老，因此歷經三世都沒有晉升機會。」這就是造化弄人的例子。

曾國藩帶兵打仗數十年，遇到的意外（意外之勝、意外之敗）、見到的造化弄人不知凡幾，儘管他秉持「盡人事，聽天命」，終不免希望能夠趨吉避凶，而《冰鑑》若能助他觀人運氣（參考〈氣色〉一章），當然太好了！

無論如何，曾國藩以識人、用人而成功，縱使他不信相術，也必定擅長觀人之法，《冰鑑》乃是他觀人術的重要參考書。

曾國藩本人的面相，更是《冰鑑》優於其他面相之書的絕佳見證：

作《湘軍志》的王闓運曾記載，曾國藩的面相以相法而論「當刑死」（不得善終），但是後來卻能封侯拜相，且庇蔭後人（子、孫婿皆受益）。這裡所謂「以相法而論」的相法，就是一般的面相學——曾國藩一生殺人無數、樹敵無數，仇敵恨他「必啖之而後快」，政敵恨他「必去之而後安」，刑死似乎是合理的。但是曾國藩最厲害的一門功夫就是持盈保泰，在他的家書、日記當中，不斷出現自我戒惕與警告弟、子的言語，所以他能常保尊貴。

相對於信任傳統面相術的王闓運，中國第一位留學生（耶魯大學）容閎卻是另一種觀人術，他在回憶錄中記載第一次見到曾國藩的印象：

> 余見文正（曾國藩謚文正）時為一八六三年，文正已年逾花甲，精神奕然，身長約五尺八九英吋（在當時算高個兒），軀格雄偉，肢體大小成相稱。方肩闊胸，

首大而正，額闊且高，眼三角有稜，目眥平如直線。凡尋常蒙古種人，眼必斜，顴骨必高，而文正獨無此，兩頰平直，髭髯甚多。目雖不巨，而目光銳利，眸子作榛色，口闊唇薄，是皆足為其有宗旨、有決斷之表徵。

容閎的觀人術就接近《冰鑑》的方法了。同時，由曾國藩的面相氣質能令容閎起欽佩之心，讓我對本書的寫作，有了不同於一般相術的方向：

相術既不是「普通人」學得會的，看了也沒有實用的價值，因此鮮少有「普通人」愛看。但是若換一個角度：我們每天都在「觀人」，人家也在「觀我」，現代人又注重形象，那麼，這本書可以不止用於觀人，更可用於改善自己的形象——應對進退時，眼神應該如何？態度應該如何？聲音應該如何？甚至我的外型可以做何種改善？於是這本書又可以當做現代人的形象自修參考書來讀。

商周出版邀我寫一本「普通人可以閱讀的《冰鑑》」，我最初持保留態度，因為我本人缺乏慧根不愛看相書，當然談不上研究。但我仍然為此做了一些功課，發現所有書店都將《冰鑑》放在「命相、占卜」的架子上，而且內容都側重相術專業，絕非普通人會去翻閱的，即使去翻閱也看不下去。所以，我將曾國藩的故事，和他同時期中興名臣、名將的故事，乃至歷史上其他人物的故事加進去，相信對可讀性應有裨益。

第一章 神骨

文人先觀神骨開門見山此為第
相家論神有清濁之辨清濁易辨
辨欲辨邪正先觀動靜靜若含珠
發靜若無人動若赴敵此為澄清
若螢光動若流水尖巧喜淫靜若

第一節 神與骨

本文

語云：「脫穀為糠，其髓斯存。」神之謂也。「山騫不崩，惟石為鎮。」骨之謂也。一身精神，具乎兩目；一身骨相，具乎面部。他家兼論形骸，文人先觀神骨。開門見山，此為第一。

語譯

俗話說「稻穀脫去糠皮，稻髓（白米）仍在」，精神就是一個人的精髓；俗話又說「山上的土石剝落流失，但是山不致崩塌，因為有山岩支撐」，骨髓就是一個人的基石。

一個人的精神具體顯現在兩隻眼睛；一個人的骨相具體顯現在面部。

為一般大眾看相，必須兼顧整體外形和全身軀幹，為讀書人看相則首先看他的雙目和頭骨。正如一開門就看見山，看一個讀書人的相，看了神骨便知大略，這是第一要點。

深入剖析

開宗明義就指出《冰鑑》和一般相書不同之處：這是一本專注於「相文人」的相書，也就是針對清朝時期的「紳士階級」的相書。

中國的知識分子階級在周朝以前只有貴族（士大夫）才能讀到書，因為文字是刻在竹簡上面，農民大眾是無緣讀書的；春秋戰國時期，大量的貴族變成平民，但他們有讀書的特權。知識就是力量，於是民間出現一個新的平民知識分子階級，不但學而優則仕，且有能力由布衣而致卿相；漢朝開始有選舉制度，由地方官推薦民間人才做官，且因為有了毛筆這種書寫工具，知識與資訊開始快速膨脹，平民知識分子階級隨之膨脹，於是形成了官僚文人階級；到了唐朝以後，科舉取士已非求才的單純目的，而是維持「學而優則仕」的一種社會公平手段。

科舉制度一直沿襲到清朝末年，平民知識分子階級則在清朝形成「紳士階級」，他們耕讀傳家，考試順利則晉身官僚，考運不好就安分務農、開館授課，進可攻、退可守，彼此互通聲息，形成一個龐大的社會力量，既是鄉梓間的意見領袖，又有在朝為官的優秀族人為靠山。簡單說，紳士階級的家族隨時會因為有人做官、甚至做大官而發達，做官的人就成為夤緣對象，若能在他做官之前就預知這個人或這家人會發達，就可以提前「燒冷灶」，於是就有《冰鑑》的出現——專看這個階級的面相。

為什麼相一般大眾要「兼論形骸」，相文人則「先觀神骨」？理由不外兩點：文人的生活條件較農、工、商階級變化較大，家境好與不好差別較大，而外貌形骸受物質條件影響較大，所以先看頭骨，頭骨是先天不變的（軀幹四肢則和營養有關係），此其一；文人求的是學而優則仕，仕進的目的是升官發財，所以比農、工、商階級更會做假，而最騙不了人的是那對眼睛，所以先看「雙目」，此其二。而「神」又先於「骨」。

這個道理在《孟子》就已經講得很明白：「存乎人（心）者，莫良於眸子（目瞳），眸子不能掩其惡。胸中正，則眸子瞭（明）焉；胸中不正，則眸子眊（模糊）焉。聽其言也，觀其眸子，人焉廋（匿）哉！」

以此解釋本文：一個知識分子的外觀猶如稻穀的糠皮，他可能風光鮮麗、可能貌似忠厚、可能故作瀟灑、可能落魄狼狽，但是那一對眸子所透露出來的精神，才是穀中之髓，能看透穀糠裡面究竟是空殼子還是大白米？這才是《冰鑑》相法的第一要義。

同樣道理，一個知識分子即使眼前落魄，若只是「土石剝落」，而山岩仍挺立，還是可能有朝一日揚眉吐氣。這就要看他的頭骨，而非面皮。

俗話說「畫人畫皮難畫骨，知人知面不知心」，應該是本節的最佳註解，而文人（紳士階級耕讀為生）可能經由考試、做官的途徑由窮而達，所謂「十年寒窗無人問，一舉成名天下知」，則是《冰鑑》開宗明義告訴讀者的第一要旨——看人不要看眼前，要看他的未來性。

靈活運用

中國讀書人常講「讀聖賢書，所學何事」，這句話常用在提醒：學而優則仕的目的在經世濟民。但是，大多數人的目的卻在「升官發財」：發了財就可以賄賂上官、籠絡顯貴，再升更大的官、發更大的財，於是有「才—官—才」（讀書做官以後，發揮所學經世濟民，做更大的官，盡更大的才）和「財—官—財」（用錢買官、升官，發更大的財）兩條路線，前者得「守」得住清苦，後者的風險則是一旦東窗事發，下台、坐牢。

曾國藩是「守」得住那一型。他在給諸弟的家書中說：「自三十歲以來，即以做官發財為可恥，以官帛積金遺子孫為可羞可恨，故私心立誓，總不靠做官發財以遺後人。神明鑒臨，予不食言」。

清朝的官俸很微薄，雍正皇帝建立「養廉銀」制度，是將一些「灰色收入」正規化，除了證明官俸「不足以養廉」之外，更顯示清朝官員的清廉程度是「各憑良心」的——所謂養廉銀，是在租稅「加耗」當中，保留一定比例（行情是十二、十三％）做為地方衙門辦公費用，這種做法當然給了官吏很大的彈性空間。

地方官有養廉銀，京官可沒有，但京官掌握行政大權（包括財政、人事），於是地方官就得報效，即所謂「冰敬」、「炭敬」（一年二季的陋規）。

曾國藩考取進士後，進了翰林院，這是士人宦途的主流，宰相（大學士）都必須是翰林學士出身；翰林入值南書房（皇帝辦公廳）更是主流中的主流，有機會接近皇帝，就有機會「進言」，就是「紅翰林」，否則就是「黑翰林」。紅翰林就不愁沒有人報效，黑翰林就苦哈哈。

曾國藩初入翰林第一年，當然一文炭敬也沒有，只好借銀五十兩過年；到了第二年底，已積欠四百兩銀，連佣人都給他臉色看，為此他還寫了一首〈傲奴〉詩嗟歎一番。

但是他仍清廉自守，並且還能體恤外官（地方官）的辛苦。他的好友劉覺香到京城與他一席談，曾國藩在日記中寫下：「愈知我輩捨節儉則無可自立。若冀幸得一外官，以彌補罅漏（欠債），缺瘠（到窮地方任官）則無以自存，缺肥（好差使）則不堪問矣。可不懼哉！」

一件青緞馬褂非年節慶典不穿，「三十年衣新如初」；舅舅要進京，他說「京城苦，舅勿來」，平淡六個字，蘊藏了多少清官的辛酸。

這正是曾國藩成大功、立大業的根基——清廉。而他能識人、用人，拉拔了無數寒士、農夫成為文臣武將，莫非就因為他的觀人術「棄糠就髓」嗎？如果不是看出這個人的神骨不凡，未來大有發展，曾國藩哪來那麼多得力幹部？

湘軍三大帥之一、與曾國藩齊名的胡林翼則是「山鶱不崩，惟石為鎮」的最佳範例。

胡林翼的父親官至三品詹事，岳父陶澍則是一品總督，他的青年時期生活頗為放蕩。最初胡、陶兩家論親時，陶夫人曾大力反對，可是陶澍堅持答應；洞房花燭夜，新郎不見了，到處尋找才從妓院找回一個爛醉如泥的新郎倌。

陶夫人埋怨老爺誤了女兒終身，陶澍對夫人說：「胡家少爺將來是國家棟樑，前途未可限量，他未來的功名事業皆在老夫之上。」不只對太太如此說，陶澍對幕友也說過：「潤之（胡林翼字）之才，他日為國勤勞，將十倍於我。以後他將沒有閒暇時間行樂，現在就由他去，算是預先補償他日後的辛勞吧！」

胡林翼後來果然成為中興名臣，而他的岳父陶澍莫非真會看相，看得出胡林翼必定成為國之干城？無論如何，胡林翼的青年放蕩生活，並未損及他的本質，一旦改過遷善，立即頭角崢嶸——這不就是「山騫不崩，惟石為鎮」嗎？

第二節　論眼神

本文

相家論神，有清濁之辨。清濁易辨，邪正難辨。欲辨邪正，先觀動靜。靜若含珠，動若水發；靜若無人，動若赴敵；此為澄清到底。靜若螢光，動若流水，尖巧喜淫；靜若半睡，動若鹿駭，別才而深思；一為敗器，一為隱流，均之託跡二清，不可不辨。

語譯

相學上研究人的神（眼神），將之區分為清，濁二類。但是，辨別清濁還容易，邪或正卻難以一眼分辨。要想分辨邪正，得從目光的動靜之處觀察。眼神靜止時，瞳仁有如含蓄的明珠，流動時有如水波澎湃；另一類是沉靜時旁若無人，心動時眼神鋒芒畢露像要上陣殺敵那樣。這兩種都是澄清透徹，也就是忠、誠，不另懷鬼胎者。

眼神靜態時如螢火蟲的光，微弱而閃爍，動態時如水流，游移不定，這種人善於偽裝，有小聰明，喜歡走捷徑。另一類是靜止時似睡非睡，心動時眼睛睜大如受驚駭的鹿，這種人城府很深，思考複雜。前者的才具有瑕疵，後者處處留一手（不坦誠）。以上二種類型同樣有著兩道清澈眼神，卻不可不辨別清楚。

深入剖析

中國的面相書首推《麻衣相法》，其中對清濁之辨是這樣說的：

眼明則神清，眼昏則神濁。清則貴，濁則賤。

亦即，相法對目光清澈者，認為是貴相，目光昏黯者，認為是賤相。《冰鑑》對眼神混濁昏眊者根本不加討論，但是卻特別強調對同為「清」者，要做邪正之辨。因為，文人比較善於隱藏、掩飾，正人君子固然眼神澄清，奸臣小人也懂得態度恭謹，所謂「貌似忠厚，心存狡詐」。唐朝奸相李林甫被稱為「口有蜜，腹有劍」，他待人溫文有禮，但是陰險狡獪，他肯定不是眼神昏濁的「賤品」，但卻精於諂媚、陷害忠良，一直到他大權在握，才顯露出奸邪本性。

《冰鑑》教我們如何分辨一個神清氣爽的人是邪？是正？——從動靜之間看他目光的流轉。但可別看書上戔戔數語說得簡單輕鬆，實際去看還真不簡單，就拿「動若水發」和「動若流水」來說好了，同樣目光如水，怎樣是水發？怎樣是流水？我從字義上去體會，水發是「一往直前，盈科（填滿窟窿）而後進」，是堅定的；流水則是目光游移不定的。然後我刻意觀察電視新聞上那些發言者，果然，同樣口若懸河的人，講話時眼神會告訴我「他相不相信自己所說的話」！

靈活運用

曾國藩求才心切，可是不喜歡說大話的人，他多次教導兄弟、部屬「觀人之法，以有操守而無官氣，多條理而少大言為主」。但即使曾國藩閱人無數，仍有看走眼的時候。

有一次，某人自我推薦進入曾國藩幕府，面對曾國藩侃侃而談用人之道，談到如何不受欺騙，此人說：「受欺不受欺，全在於自己是何種人：像中堂（大學士的尊稱，指曾國藩）大人至誠盛德，人不忍欺；像左公（左宗棠）嚴氣正性，人不敢欺。而別人不欺仍懷疑別人欺騙者，或已被騙而不知者，實大有人在。」

曾國藩很欣賞此人，命他在營中「一觀眾人」。第二天，此人鄭重其事地向曾大帥報告：「軍中多豪傑之士（武人），其中有兩位稱得上君子（文武兼修）。」曾國藩求才心切，忙問「何人？」此人回答是徐守瀛及郭遠堂——顯然對這二人的評價與曾國藩相合，曾大帥很滿意，派他督造船砲。

過了一段時間，手下報告此人挾千金逃跑，曾國藩默然良久，雙手捋鬚，口中直唸：「人不忍欺，人不忍欺。」這個故事誠可為「清濁易辨，邪正難辨」最好的例子。

另外一個故事，是曾國藩擔任禮部侍郎，主持一次拔貢考試，考取的分發去當知縣，當時的慣例是以到省報到先後作為補缺順序。有兩位門生同去向老師（主考官）曾國藩辭行，曾國藩問他們赴任的行期，其中一人說：「已經雇好了車，很快就可動身。」另一人說：「還待準備行裝。」

前面提過，曾國藩清廉自守，不喜歡太急切想要當地方官的人，所以對那個已經雇好車的門生就頗不以為然。但是後來聽說，先去赴任的卻是另外一位。於是喟歎：「人真是難以看透啊！我本以為他尖巧，誰知卻是拙誠。」（不懂得在曾國藩面前掩飾、做假）易言之，尖巧和澄清也同樣難辨。

曾國藩感歎綠營軍的風氣太壞：「岳（飛）王復生，或可換孱兵之筋骨；孔子復生，難遽變營伍之習氣」、「今大難之起，無一兵足供一戰之用，實以官氣太重，心竅太多，離樸散淳，其意蕩然」。所以湘軍絕對要「多用少心竅之人」。心竅多，就是思想複雜，就是「別才而思」，這種人的忠誠度很容易出問題，也就是所謂「隱流」——處處留一手，心中另有打算，出賣朋友的往往就是這種人。

第三節 論精神

本文

凡精神，抖擻時易見，斷續處難見。斷者出處斷，續者閉處續。

道家所謂收拾入門之說，不了處看其脫略，做了處看其針線。

小心者，從其做不了處看之，疏節闊目，若不經意，所謂脫略也。大膽者，從其做了處看之，慎重周密，無有苟且，所謂針線也。二者實看向內處，稍移外便落情態矣，情態易見。

語譯

人的精神表現在目光，通常精神振作時的狀態很容易就觀察得到，但是得從眼神的斷續之處，才能分辨他是強打精神還是持續旺盛，這就比較難以觀察了。「斷」的跡象表現在他目光振作和休息之瞬間，「續」的跡象表現在他眼睛閉合之瞬間。

道家有所謂「收拾入門」的理論，觀察個性不積極的人要看他不在乎什麼，觀察個性積極的人要看他對細節的處理。

一個人的性格小心謹慎的話，要觀察他「不注重什麼」。小心謹慎的人通常是擔心出錯、注重細節的，所以，那些他反而顯示出粗枝大葉、不周到，甚至表現得漫不經心的事情，正是他能夠超脫之處。一個性格積極勇於任事的人，從他已經做了的事情觀察：這種人反應敏捷、行動迅速，難免忙中出錯，所以，觀察他在哪些地方表現出慎重周密、堅持原則；所謂「針線」就是看他是否條理分明。這兩點都是透視內在的功夫。存在於內心深處的，稍稍表現在外，那就是「情態」，而情態是容易觀察的。（所以排在第四章）

深入剖析

我們每一個人都有強打起精神去做一件事情的經驗，或許因為前晚睡不好，或許因為感冒尚未痊癒，甚至因為宿醉、熬夜……，以此體會「斷續」，大致可以掌握它的意思。

然而，偶爾精神不好，只是個別情形。相法上觀人之「神」，講求更內在深處。舉例來說，你主持一項求才面試，應徵者若睡眼惺忪或偷偷打個呵欠，你當然很容易就看出來此人「今天」精神不好，但是絕大多數應徵者都會是精神抖擻；這時候，你怎麼看出他的「精力旺盛、態度積極」是強做出來的？或者在謙和退讓的態度後面，蘊藏著源源不斷、盈科而後進的持續力？

竅門就在「斷者出處斷，續者閉處續」。

讀書人學而優則仕，叫做「出來做官」。因淝水大戰而成名的東晉宰相謝安，字安石，在野時即享有盛名，當時國家形勢危殆，朝廷亟需人才，大家要他出來做官，他一再推辭，於是就有人說：「安石不出，奈蒼生何？」所以，出就是做事的意思；做事情不能堅持原則，推動一件事情不能貫徹始終，都是「斷」。一個人外在表現得精神抖擻，行動積極，但如果眼神閃爍，那就是「斷」，在關鍵時刻，就有可能放棄原則或不能堅持到底。

針線，是縫合的工具，針線密就是思慮、作風精密。特別是膽大而心細的人，絕對是上等人才。

《三國演義》的張飛，書中形象是一員猛將，大家對他印象最深的段子之一，是他立馬長坂橋，挺矛大喝，驚得曹操身邊夏侯傑肝膽俱裂，倒撞於馬下；再看到後方樹林塵頭大起，疑有伏兵，於是曹軍棄槍落盔而逃。事實上，那是張飛派了二十騎，在馬尾巴綁上樹枝，在樹林內往來馳騁，沖起塵土，並無大軍埋伏。

曹軍退後，張飛喚回二十騎，拆掉長坂橋，然後回去和劉備會合。結果，因為拆了橋，曹操乃研判之前是虛張聲勢，於是加速搭橋追趕。

張飛用馬尾綁樹枝，揚起塵土以為疑兵之計，是他有勇也有謀的表現，就可惜「針線」仍不夠密！

大膽者看其針線，小心者則看其脫略。脫略的意思是「超脫、不拘」。這裡當然不是指那種凡事吊而郎當的貨色，而是前節「目光澄清、靜若含珠」，但是性格比較謹慎小心的那一類。

謹慎小心者常常流於保守，謹小慎微者經常格局不夠大。所謂「續者閉處續」，就是在情勢不好（閉處）的狀況下，仍然能夠堅持不移者，這種人肯定是大才。

漢初三傑的張良，司馬遷看見他的畫像「狀貌如婦人好（美）女」，詫異其外形和他的韜略奇計似乎不相稱，於是對孔子說的「以貌取人，失之子羽」有了更深一層的體會。

張良「博浪一椎」謀刺秦始皇不成，逃到下邳，在橋上遇到黃石公，黃石公先是故意叫他下橋撿鞋子，再叫他幫忙穿上，又三次要張良天不亮跟他見面，最後才傳授他〈太公兵法〉——這就是「續者閉處續」。一般人在事業不順遂時，哪還有心情侍候一個陌生且無禮的老人？可是張良在最危險的處境當中，仍能對長者有禮，就被黃石公看上了。

劉邦得天下以後，誅殺功臣，韓信被褫奪封國、貶為淮陰侯時，說出「飛鳥盡，良弓藏；狡兔死，走狗烹」，最終難逃一死。但是張良卻從來不爭權位，甚至辟穀（不食人間煙火）求仙，以示無造反之心，保得壽終正寢——不追逐權力、地位，就是張良「脫略」之處。

回到前面「強打精神」的譬喻。一個人即使睡眠不足，眼睛時刻忍不住要閉一下，但他的眼神仍能持續一貫（堅定），那麼，這個人即使一時精神欠佳，但是他的「內在精神」卻是源源不絕的。

靈活運用

中國歷史上，比張良功勞更大、更位高權重，卻能比張良更居高思危、持盈保泰的只有二個人：唐朝的郭子儀和清朝的曾國藩。

郭子儀平定安史之亂，封汾陽王，各路節度使泰半都是他的部將，兒子郭曖娶了皇帝的女兒昇平公主，既是皇親國戚，又是功高震主。

有一次，公主和駙馬發生口角，公主拿皇帝老爹來壓老公，郭曖反嘴：「我老爸才不稀罕當天子呢！」

公主一氣之下，進宮告御狀，唐代宗對公主說：「郭曖說的是實話啊，如果他爹想當天子的話，皇位哪輪得到咱們家呢？」打發公主回駙馬府。

那廂郭子儀可是雷霆震怒，將郭曖綁起來，送進宮中待罪發落。代宗接見郭子儀，非但未責備，反而以親家對話口吻說：「俗話說得好，『不痴不聾，不做阿家翁』，兒女閨房吵架，不必認真。」唐代宗固然深諳「弱勢皇帝」保位之道，但郭子儀位極人臣、手握天下兵馬大權，仍能堅守臣道，不做非分之想，終能流芳百世。

曾國藩同樣是中興名臣，力挽清帝國將傾之大廈，爵封一等毅勇侯，官封大學士（等同宰相）兼兩江總督，湘軍將領個個都是封疆大吏，滿清皇族親貴對他忌憚十分，但是他從未有非分之想，而且最推崇郭子儀。

他在給九弟曾國荃的家書中說：「古來成大功大名者，除千載一郭汾陽外，恆有多少風波，多少災難，談何容易（能不篡位不容易，能持盈保泰更不容易）。願與吾弟兢兢業業，各懷臨深履薄之懼，以冀免於大戾。」

湘軍勢力最大時，總兵力達到五十多萬，已接近過去綠營總兵力，而同時有六個總督、八個巡撫，從長江兩岸到兩廣都是湘軍地盤，等於掌握了半壁江山。於是將領之間一再出現「勸進」聲音，想要效法北宋「黃袍加身」的故事：當年陳橋兵變黃袍加身的主導人物，正是趙匡胤的弟弟趙匡義，而曾國荃有攻下天京（南京）的大功勞，地位如同當年的趙匡義，此所以曾國藩無數次在家書中「告誡」曾國荃的原因。

最早勸進他的是親信幕僚李元度。在湘軍攻克安慶後，諸將要擺慶功宴，曾國藩不准，只許各賀一聯，李元度的賀聯是「王侯無種，帝王有真」，曾國藩撕毀此聯，並痛責李元度。

又一次，曾國藩生日，胡林翼賀壽告別時，在茶几上留下一張字條，赫然寫著：「東南半壁無主，我公其有意乎？」曾國藩悄悄將之撕碎。

湘軍攻下天京，有一天晚上，曾國藩親審太平軍「忠王」李秀成後，進入臥室休憩。夜半子時，三十餘位將領齊集大廳「請見」大帥，曾國藩看這個場面分明是「黃袍加身」翻版，問一聲：「九帥（曾國荃）來了否？」中軍答「尚未」，曾國藩乃不進大廳，傳令召曾國荃。曾國荃抱病前來，曾國藩這才整裝出見，態度嚴肅，大夥都不敢出聲。然後曾國藩命取紙筆，寫了一幅對聯，寫完擲筆而起，一語不發，逕入後室。曾國荃將對聯讀出：「倚天照海花無數，流水高山心自知」，諸將了解大帥心意後，默然散場。

這是曾國藩謹慎小心「脫略」之處。至於他的「針線」實在不勝枚舉，就舉一個最「小」的例子。

曾國藩身為數十萬大軍的統帥，卻不厭其煩親自將兵法編成歌謠，令軍士傳唱，如〈保守平安歌〉、〈水師得勝歌〉、〈陸軍得勝歌〉、〈愛民歌〉、〈解散歌〉，〈營規歌〉更是政治作戰經典：「三軍個個聽仔細，行軍先要愛百姓。第一紮營要端詳，第二打仗要細思，……第七不可搶賊贓……」，服過兵役的讀者都背過「國軍軍人十二守則」，就是曾國藩的餘緒。

他的《日記》、《家書》中一再看到「五到」、「三忌」、「八本」、「治家八字訣」，顯示他最重條理，而條理分明正是「做了處看其針線」，而針線就要求「慎重周密，無有苟且」。

第四節 論頭骨

本文

骨有九起：天庭骨隆起，枕骨強起，頂骨平起，佐串骨角起，太陽骨線起，眉骨伏犀起，鼻骨芽起，顴骨豐起，項骨平伏起。

在頭，以天庭骨、枕骨、太陽骨為主；在面，以眉骨、顴骨為主。五者備，柱石器也；一，則不窮；二，則不賤；三，動履小勝；四，貴矣。

語譯

頭部的骨相有九種突起的態勢是貴相：天庭骨講求隆起（豐滿），枕骨講求強起（凸顯），頂骨講求平起（端正），佐串骨講求角起（斜插向上），太陽骨講求線起（直上），眉骨講求伏犀起（直稜而不露），鼻骨講求芽起（如竹筍出土），顴骨講求豐起（不尖刻），項骨講求平伏起（厚實）。

九骨當中，前五項在頭部，以觀察天庭骨、枕骨和太陽骨為主；後四項在面部，以觀察眉骨、顴骨為主。若五個主要的骨全都呈現前述的起勢，那麼這個人是棟樑之才；只要具備一種，這人就不致窮困；具備二種就不會地位低下；具備三種的人，只要肯行動實踐，事業一定會漸漸發達；具備四種就是顯貴之相了。

深入剖析

相人一定先看頭，有所謂「頭無異骨，終難入貴」，史書上對創業皇帝經常描述他的異相，對頭骨部分常見的形容是「隆準龍顏」（劉邦）、「日角龍顏」（蕭衍）等，龍的頭部見諸畫作總是稜角分明、處處崢嶸，有那麼多的「異骨」，宜乎哉該他當皇帝。《冰鑑》重在觀知識分子，學而優能不能仕途順利，就看這「九骨」了。

《冰鑑》列出的九骨和其他相書的所謂「九貴骨」不同，其他相書有驛馬、將軍、日角、月角、巨鰲等，《冰鑑》著重相文人，所以重點有所不同，並且特別著重五個部位。

所謂「異骨」，當然是指該部位有突出。但卻不是突出就好，講求的是自然、豐滿，不要「露」不要「聳」，而《冰鑑》更講求它突起的形狀，以下分述：

天庭，也就是額頭位置。天庭骨貴在豐隆而起，也就是一般常說的「天庭飽滿」，但若是凸或尖，則非貴相。

頂骨，就是天靈蓋。所謂平起，是指平坦的頭頂上出現端正且對稱的突起，亦即不是如某部科幻電影中外星人那種三角形的「尖頭」。由於清代人薙髮，所以不戴帽子時可以清楚看到頂骨。現代人只有少數剃光頭，就不易見了。

佐串骨在髮鬢位置，如果出現骨峰斜插向上，其狀似角，就是貴相。

太陽骨位在太陽穴，也就是兩道眉毛的盡處。這裡的突起，講求要細，而且直線向上，若能一路上升到髮際最佳。

眉骨，就是眼眶上緣。所謂「伏犀」，不易體會，大致是隱隱突起，不可太露、太聳的意思。

鼻骨，當然以鼻樑直挺為佳，若有歪斜，面部就左右不對稱了。而直挺的鼻樑若形似竹筍出土（帶動旁邊的泥土也隆起），予人一種向上發展的力量，那就是所謂「隆準」，是大貴之相。

顴骨，位在眼下頰上，也有人稱為權骨，左右顴骨稱「兩權」，這個部位若平坦，則此人的權力慾肯定很低。但是顴骨高聳卻非貴相，是權力慾望極強卻不得意之相；所謂豐起，是骨肉豐滿，「若不得而起」，也就是那種「欲出未出」，卻又蘊藏能量的感覺（如果只見肉而無骨勢，則是臃腫）。這和相法所謂「骨君肉臣」的道理相合，特別是在代表權力的顴骨，只見骨不見肉，象徵缺少助力、輔佐，必須君臣相應相輔，才是貴相。

項骨在頸後，也就是頭部和脊柱相連的位置。所謂「平伏」，和前面「伏犀」一樣抽象，大致上也是「要突出，但不可突兀」的意思。所謂「項有餘肉如虎項」，這餘肉可不是贅肉，而是因項骨突起被推出的形狀。

一般相書常以某個部位，或某處骨相就斷言某人如何如何，例如「頭上角骨武侯封」、「中正骨起二千石」等，但是《冰鑑》不同，主要原因在於文人入仕有考運、有官運，政治圈比一般社會複雜，變化的因素多得多，所以採總括觀察的方法，五個主要貴骨愈多則愈佳，意味著「人才遇到機會」的成功概率。

靈活運用

文人先觀神骨。神是內涵，表現在雙目，這部分有賴後天培養，也就是讀書以變化氣質的意思所在；骨則是先天根基，「山蹇不崩」的意思是：只要本質好，縱使一時的挫折，甚至誤入歧途，只要能覺悟發憤，時機到來就能發達。

曾國藩一生受他祖父曾玉屏（星岡公）的影響最大。曾家由衡陽遷到湘鄉，曾玉屏是第三代，少時頗好學，但他青年時期由於家境已漸寬裕，一度耽於游嬉，經常騎著馬到湘潭（當時是湘中商業都會）街上與一干紈褲子弟廝混，生活習慣也不好，「日高丈五猶擁被」，族中長輩對他頗有指責。

然而，曾玉屏卻能「頓悟」前非，把馬賣掉，徒步走回家中，在山下搭一間茅屋，每天未曉就上山墾荒，闢建梯田，修身齊家，終於養出一個孫子曾國藩治國平天下。曾玉屏痛改前非的故事雖比不上「周處除三害」，但已足為「山蹇不崩」的註解。

曾國藩翰林散館（授官）後，請假回家省親，假滿準備進京做官，星岡公對他說：「爾的官是做不盡的，爾的才是好的，但不可傲，滿招損，謙受益，爾若不傲，更好全了。」

曾國藩本人恪遵祖父教誨，他教導部屬更用上了祖父的家訓。曾國藩「打磨」李鴻章的過程，就是最好的例子：

李鴻章是曾國藩的「門生」（考中進士拜閱卷大臣為老師），曾國藩很早就看出李鴻章終非池中之物，但是成軍之初並沒有邀李鴻章入幕，李鴻章也是在湘軍成了氣候以後，才想要投奔曾國藩。但是，李鴻章在旅舍中閒住一個多月，卻始終未蒙恩師召見，於是拜託另一位「同年」，且已是曾大帥幕僚的陳鼐代為進言。

陳鼐問曾國藩：「少荃（李鴻章字）與老師有門牆之誼，老師往昔對他甚為器重，此番來投，老師何以拒之千里？」

曾國藩回答：「少荃志大才高，還恐怕艨艟巨艦不是潺潺細流所能容納。他何不回京師謀個好差事呢？」顯然，曾國藩「觀見」李鴻章和他一樣有心高氣傲的毛病。

陳鼐再為李鴻章進言：「少荃這些年受過不少磨難，已不同於往年意氣，老師不妨讓他一試。」曾國藩才點頭讓李鴻章入幕，然後開始打磨這位得意的門生的「銳角」。

曾國藩奉行祖父星岡公「早起」的家教，他的軍營內，天不亮就起床，明炮一響（天亮）就吃早飯，而且將領與幕僚必須和大帥一道吃早飯。《曾胡治兵語錄》中記載他的言論：「未有平日不早起，而臨敵忽能早起者；未有平日不習勞，而臨敵忽能習勞者；未有平日不能忍饑耐寒，而臨敵忽能忍饑耐寒者。」湘軍以農夫為兵卒，農夫都能早起、習勞、忍饑耐寒；但是湘軍以紳士為將領，紳士階級卻經常是「四體不勤，五穀不分」，要帶兵讓士卒服氣，就必須和士卒共甘苦，此所以曾大帥特別講求早起。

李鴻章入幕之初，對每天這頓早飯深以為苦。有一次，他假稱頭疼不去吃早飯，曾國藩接二連三派兵弁去「請」他，等他到了才開飯。吃完飯，曾國藩把筷子一扔，對李鴻章說：「少荃，你既然入我幕下，要知道，我這裡最崇尚一個『誠』字。」說完，拂袖而去。

想想那個場面：一飯廳的人等他開飯，一飯廳的人看見他被大帥「刮鬍子」，那是何等的尷尬與羞辱？但是李鴻章不但承受下來，且從此表現得更努力，果然是「柱石之器」。

李鴻章也曾一度離開曾國藩幕府，但並不是因為禁不起「打磨」，乃是另有原因。

曾國藩最初受命辦團練時，柬約同鄉好友共襄盛舉，至交馮卓懷、郭松燾都沒答應，左宗棠更投入駱秉章幕府，只有劉蓉、李元度隨行。劉蓉不喜歡做官，不久辭職回家，始終患難與共的老幹部就只有李元度一個。

李元度，也就是前面提過最早「勸進」的那一位。不曉得曾國藩是不是為了避嫌，後來兩度參劾李元度。這種作法看在將領、幕僚眼中是堪為寒心的，因此李鴻章極力反對參劾李元度，並為此離開了幕府。

李鴻章出走，往南昌途中，順道拜訪與曾國藩同為湘軍大老的胡林翼，胡林翼勸他：「君他日必定發達，但望不要離開滌生（曾國藩字），若無滌生，君何以進身？」送走李鴻章，胡林翼隨即寫信勸說曾國藩：「李某終將發達，不若引之前進，猶足以張吾（湘）軍。」

曾國藩事實上對李元度也頗思歉咎，他寫信給曾國荃就說「獨覺慚對李次青（李元度字），弟可與之常通書信，一則稍表余之歉忱，一則凡事可以請益。」同時他也明白，李鴻章不是為了私人理由而辭職，所以他寫信給李鴻章，請他出任南昌城守事宜。之後，李鴻章寫信給曾國藩，建議「移軍東流，先清理江西」，曾國藩也從善如流。

經過一段時間的書信往來，曾國藩寫信「敦請」李鴻章二度進入幕府，這一次「禮貌有加於前，軍國要務，皆與籌商」，幕僚中「其能爭議是非者，李鴻章一人而已」。一年多後，曾國藩保舉李鴻章署理江蘇巡撫，五年多後升遷湖廣總督，後來更推薦他籌組淮軍，成了欽差大臣。這時候曾國藩再贈他「深沉」二字，李鴻章「奉為枕中秘」。

如果我們不視相術為玄學，而視之為哲學，那麼，本節論骨之「貴相」實有高深哲理在內。李鴻章後來成為國之干城，想必年輕時即已頭角崢嶸，曾國藩送他的「深沉」二字，不正是「伏犀」稜而不露之寓意嗎？

曾國藩識人用人，幹部一個個高升，他也水漲船高。淮軍成氣候之後，他寫信給李鴻章：「前此湘軍如羅羅山、王樸山、李希庵、楊厚庵輩皆思自立門戶，不願在鄙人及胡（林翼）、駱（秉章）等腳下盤旋。淮軍如劉（銘傳），潘（鼎新）等，氣非不盛，而無自闢乾坤之志，多在從臺腳下盤旋，豈閣下善於制馭，不令人有出藍勝藍者耶？」

這番話表面稱讚李鴻章善於駕馭，其實是點醒他「要讓人才出頭」，後來淮軍將領也都一個個成了封疆大吏，李鴻章也成了合肥相國。這不正是顴骨（權骨）要「豐起」，才是「骨君肉臣，相輔相成」的道理嗎？若顴骨強起，個人有權卻無輔佐，個體戶又怎麼可能做大事業呢？

第五節　骨色與骨質

原文

骨有色，面以青為主，少年公卿半青面是也。紫次之，白斯下矣。

骨有質，頭以聯者為貴。碎次之。

總之，頭無惡骨，面佳不如頭佳。然大而缺天庭，終是賤品；圓而無串骨，半為孤僧；鼻骨犯眉，堂上不壽；顴骨與眼爭，子嗣不立。此中貴賤，有毫釐千里之辨。

語譯

頭骨會透過顏面呈現色澤。面色以青色為貴，俗話說「少年公卿半青面」，就是這個意思；紫色次之，白色最低下。

頭骨的結構展現頭部的氣勢。各部位必須相聯貫，也就是氣勢貫通、結構緊湊，這是貴相；若結構鬆散則不佳。

總的來說，頭上不宜有惡骨（否則不妙），面貌好不如頭形好。然而，頭大卻天庭不飽滿，終究卑下；頭圓卻看不到佐串骨，多半寂寞一生；鼻骨過長衝犯到雙眉部位，父母不長壽；顴骨太大排擠到眼睛，缺少子嗣。這中間的貴賤差異，由於只在面部極細的空間之內，所以「差之毫釐，失之千里」，必須仔細辨別。

深入剖析

所謂骨有色，說的是「骨色」，而非「面色」。如果用面皮膚色以論相，就有一個笑話：

劉備、關羽、張飛「桃園三結義」之後，走在街上，見一面相攤，於是上前請相士為三人看相，以卜此番起事吉凶。

相士先看劉備，說：「白面白心，此相極佳。」

再看關羽，說：「赤面赤心，亦佳。」

劉備一聽，急忙推著張飛回頭就走，口中說：「三弟回去吧，不看了，不看了。」因為張飛是黑面（至少戲劇臉譜如此扮相），那江湖相士想必說「黑面黑心」也！

然而，骨的顏色每個人都是灰白色（石灰質），即使有差異也不能剖開來看。所謂骨色，其實是指透過皮膚泛出的一種光澤，但這又和第七章的「氣色」不同。

所謂「少年公卿半青面」，當然也不是指「青面獠牙」那種青，更不是面色鐵青那種青，而是如玉石般，白裡透淡淡青色那種青。《三國演義》描繪劉備「面如冠玉」，古人帽子正前方鑲一塊玉，就是「冠玉」，說一個人面如冠玉，除了形容他面皮細緻，且如玉般潔白溫潤（非蒼白）之外，更有個性穩重、不衝動的意思。紫色略次一等，紫色就有衝動的傾向，平劇臉譜中出現紫色者，此人多半性情剛烈、易衝動賁事，但仍不失忠誠；至於白色，大家都曉得，奸臣總有一張大白臉。

順帶一提，中國的五行理論影響深廣，包括五色、五味、五方、四季六氣，乃至中醫學的五臟，都和五行火水木金土相對應來詮釋。而中醫望診之法看面色的訣竅，就說面部的色澤是以縞（白絹）裹朱、裹紫等，面相也用上了這個方法，骨色就如白絹中透出的那一層隱約色澤。中醫書《黃帝內經・素問》脈要精微論篇第十七中說「青欲如蒼璧（青玉）之澤」，更是「少年公卿半青面」、「面如冠玉」的最佳詮釋。讀者不妨自行體會骨色的觀察訣竅。

至於五色與面相的對應，留待下章〈剛柔〉詳說。

至於骨有質，這裡講的當然不是「骨質疏鬆症」的骨質，而是指頭骨結構呈現的「勢」。頭形好的話，臉醜一點倒無礙事業成就，否則就難免「以貌取人，失之子羽」了！此所以〈神骨〉排在〈容貌〉之前。

一般而言，頭大是貴相，「小頭銳面」多半不討喜，「獐頭鼠目」就是頭形不整齊聯貫的一種代表。然而，《冰鑑》本節指出幾個必須配合觀察的要點：頭大必須配合天庭豐隆，否則會顯得上狹下闊，不均勻，成就有限；頭圓意味著整齊，不致有「碎」的感覺，但若無佐串骨（角起），就不會頭角崢嶸，各部位缺乏聯貫性，而所謂「孤」、「僧」，是指孑然一身，缺少伴侶、親人、朋友，個體戶成不了大事業；至於鼻骨犯眉、顴骨與眼爭，長到什麼程度才叫「犯」、叫「爭」，那就失之毫釐、差之千里了，必須謹慎仔細再下斷語。

靈活運用

本節重要的二句是：「面佳不如頭佳」與「毫釐千里之辨」。頭骨是人的「鎮石」，面會變、頭不會變。現代整型手術雖也有削骨美容的方法，但是骨只能削，不能長，削骨只可能削去突起處，卻不能令它長出來，尤其要注意的是，得小心別削掉了「九貴骨」。

有個諷刺世道衰微的笑話：

有人問相者：「你向來相法十分靈驗，而今因何有些不靈？」相者蹙額道：「今昔心相，有所不同。昔人凡遇方面大頭的，必定高貴；而今遇方面大頭的，反轉落寞。惟是尖頭尖嘴的，因他專會鑽刺，倒得富貴，叫我如何相得準！」

雖是諷刺之作，但以《冰鑑》觀點來看，則此相士只觀面、不觀頭，觀頭亦只見其「大」，未注意各部位配合與連貫，難怪差之千里了。

正因個中有「毫釐千里之辨」，就必須仔細觀察。觀人之術不是用放大鏡「毫釐必較」地看有沒有「犯」、「爭」，而是從一個人的言行去看。

曾國藩《日記》中，有相當多處寫的是「人才聞見」，對一個人的評價，分成「聞可」、「聞否」、「見可」三類：別人說好、不好，記下來當參考，總得自己觀察的確好，方做論斷。這雖不是相人，但正合《冰鑑》提醒毫釐千里之辨的要義。他選擇共事之人，講求「初基不必大，然氣勢充暢」，也就是不論家世、出身，端看發展潛力，這不正是面佳不如頭佳——眼前境況不如發展潛力嗎？

另外，對於「半為孤僧」，我個人別有體會：

湘軍的水師提督彭玉麟，是個治軍嚴明、六親不認的角色，外號「彭打鐵」。由於他的個性剛直、不講情面，包括同為湘軍一系的封疆大吏，每有御史參劾他們，朝廷都命彭玉麟察核，就因為他即使面對湘軍高級將領，也不會徇私包庇。

曾國荃打下太平天國天京後，縱兵大掠三日，更傳言湘軍將領用水師舟隻運財寶回湖南老家。後來曾國荃任兩江總督，被人參劾，慈禧太后賜彭玉麟尚方寶劍一把，有意藉彭玉麟之手，斬了曾國荃。

曾國藩看懂了清廷的別有用心，但也知道彭玉麟個性剛直，無法動之以情，即使是自己一手提拔也不可能，於是上了一道密疏，說「彭玉麟一出京，第一個會斬直隸總督榮祿」。

那榮祿是滿人，據傳與慈禧關係曖昧。無論如何，榮祿是慈禧面前的紅人，但卻也劣蹟斑斑；為了迴護榮祿，慈禧追加一道詔令：「彭玉麟的尚方寶劍，只能對四品（知府）以下官員先斬後奏」，這才保住了一千封疆大吏的人頭，否則以彭玉麟的剛直和滿清當年的腐敗政風，恐怕會有一半以上督撫要倒楣。

彭玉麟中年黜妻屏子，沒有姬妾，身邊只有一、二老兵服侍，對待部將舊屬如同布衣子弟，紀律極嚴。軍中禁食鴉片，他的弟弟卻服食鴉片成癮；彭玉麟得知，大怒，召來打了四十大板，並且說：「不斷煙則死不相見。」他的弟弟於是拼性命戒煙，臥床三日，瀕死，卻死也不再吸鴉片，才復為兄弟如初。

像彭玉麟這種人，不可謂不貴，但卻是「孤僧」的命，也就是說，孤僧不應做孤苦伶仃解釋，而應該是孤寂一生的意思。以彭玉麟為例，官做得不小，稱得上「貴」了，但卻沒有親人、沒有朋友，因為他依法行事、六親不認。

《現代人的冰鑑對策》

神就是精神，既然「精神抖擻處易見，斷續處難見」，而我們平常很少遇到會看「斷續」的高手，那就好辦了。

對策一：永遠保持精神抖擻。

其實，每個人都不喜歡看到一個精神萎靡的人，但是現代都市生活卻很難讓人永遠保持精神抖擻。試著觀察每天早晨和傍晚在捷運、公車上看到的上班族和學生就知道了，你可以毫無困難地分辨哪些人已經「形神俱耗」，哪些人仍然「行有餘力」。

然而，遇到重要的面談、簡報、會議，建議你務必保持精神抖擻：如果安排在上午第一個行程，前一天晚上絕對不可睡眠不足；如果不是當天第一個節目，之前一定要把精神調到最佳狀態──不管你用什麼方法：喝濃咖啡、熱毛巾敷臉、上健身房出一身汗……，也許每個人都有自己的一套偏方。重點在於，不是把眼皮撐住就可以了，你的眼神會透露「真相」。

精神抖擻的目的是讓眼神清而不濁，但雖說「清濁易辨、邪正難辨」，我們仍然會有所感覺：「這傢伙沒講真話」、「這傢伙另有隱情」，這種感覺的由來經常是「他的目光閃爍」、「他不敢正視著我講話」、「他的眼睛轉來轉去，他並不相信自己所講的內容」——看別人不順眼時，謹記自己別犯同樣毛病。

對策二：敏感性眼睛癢一定要治。

如果你是說謊，那我絕不鼓勵；如果你是不得已而言不由衷，那你不能怪眼神不聽指揮、洩露了隱情；但是，如果你（跟我一樣）是過敏體質，隨時可能眼睛發癢，初發癢時眨個不停，一副沒信心的樣子；癢到不行時，把兩顆眼珠子揉到快要擠出眼眶、揉到眼睛四周和貓熊一樣——非但不雅觀，而且讓人產生誤解，那就太不划算了。所以，我隨時都有眼藥水在手邊。

針對「不了處看其脫略，做了處看其針線」，所謂脫略，就是不做什麼，所謂針線，就是做事有條理。請留意下述對策：

對策三：謙讓不是美德。

古代的社會節奏慢，比今天慢很多，所以觀察一個人可以花比較長的時間，謙讓可以搏得「脫略名利」的美名。但如今是十倍速時代——謙讓？機會可是一閃即逝！你不做，別人做去了，你脫略，老闆或客戶對你也「脫略」。所以，謙讓在現代社會是缺點，不是美德，但請分清楚「謙虛」和「謙讓」不同。謙虛仍是美德，臭屁肯定是缺點，但孔子的五種德行當中，「溫良恭儉」都還適用，卻絕對不可「讓」（讓的意思在這裡是指退縮、不積極爭取，搭公車讓位仍是美德）。

對策四：同流而不合污。

這是針對「孤僧」所做的建議。一般而言，頭大通常是好相，頭圓也是好相。《冰鑑》說「頭圓而無串骨，半為孤僧」，意思是成大功業者必須有友佐，無論同學、同年（一榜及地，猶如今日特考同期或ＥＭＢＡ班）、幕僚、幹部……，人脈愈豐沛則助力愈多。然而，家家有本難念的經、家醜不外揚，行行也有不足為外人道的內情，行規不可輕言破壞。抗拒團體裏脅要有很強的毅力，不同流合污得忍得住孤寂。如果你不是那種願意為理想拋頭顱、灑熱血，或甘於寂寞無聊的人，那就只能同流而不合污（絕不鼓勵合污）。但如果你是和彭玉麟一樣鐵面無私、嫉惡如仇的人，我向你致敬！畢竟，也只有「半」為孤僧而已，還有一半機會是「德不孤、必有鄰」。

第二章 剛柔

直與命通此其餘然易見五行有
合火水合木此順而合順者多宮
在浮沈之間金與火伏有時合火
土皆然此逆而合逆者其貴非常
逆合者金形帶火則然火形帶金

第一節 主張先天調和

本文

既識神骨，當辨剛柔。

剛柔則五行生剋之數，名曰先天種子，不足用補，有餘用洩。

消息直與命通，此其皎然易見。

語譯

了解如何辨視神骨之後，接著要學如何辨識剛柔。

剛柔的作用，如同五行相生相剋，這是天生萬物的運行原理，稱之為「先天種子」，也就是天生的本質、生命力。如果某個部位（象徵其代表之面相）有所不足，就有待其他部位予以彌補，反之若過強，則必須有所宣洩。

《易》學謂：陽（剛）去陰（柔）來為「消」，陰去陽來為「息」。一個人的陽剛與陰柔之互動，與先天命數相通，這部分比神骨顯著易見——神「清濁易辨、邪正難辨」，骨「有毫厘千里之辨」，而剛柔卻是清楚易見的。

深入剖析

陰陽五行學說自漢代興起，二千多年下來，成為中國哲學的主流，甚至數學、科學、醫學、氣象學等，都融滙於一宗。

陰陽代表了天地、日月、男女、晝夜、剛柔、動靜、光明與黑暗，乃至舉凡一切相對之兩極（包括君子與小人）。而「太極生兩儀、兩儀生四象、四象生八卦」更形成了先民最初始的二進位數學。

五行「火水木金土」最初是先民認知的五大元素，萬物皆由它們構（造）成。五者之間的生剋關係為：

相生：火生土、土生金、金生水、水生木、木生火。個中原理不難理解，只有「金生水」需要體會一下先民的觀察（山中藏金屬，而水來自山中）。

相剋：火剋金、金剋木、木剋土、土剋水、水剋火，道理也不難理解。

而「所剋」又正好是「所生之所生」，即所謂生生相剋，於是構成如次的相生相剋循環圖。

陰陽是對立、矛盾的關係，但是陰陽不是對立事物的本身，而是對立關係的描述，例如日月的關係是日出則夜盡、月出則晝息；因此，在相互對立當中又存在著相互依存、消長、轉化的運轉規律。

五行之說其實是將陰陽之間這種相互矛盾又互為消長的關係，加注於宇宙五大元素，構成了一個更加複雜的哲學體系，也因而能夠解釋更複雜的各種自然與人文現象。如此一個哲學體系，其核心價值在「天人合一」：自然與人、天道與人道、先天與後天皆相通，且能以一個統一理論來解釋。用現代哲學用語來說，它是一個「宇宙總體論」。

中國的相術原理更以陰陽五行理論為根本，包括紫微斗數、八字、四柱推命，以及手相、面相都是以五行為基礎。然而，《冰鑑》的命相成分較其他相書為低，而觀人成分較高，所以在「神骨」之後，先辨剛柔，依次再分論其他部位。

剛柔，在這裡兼論外型與性格，也就是所謂外剛柔與內剛柔，在本章第三節將述及。

所謂不足，可以用前章「頭圓而無串骨」來說明：頭圓是吉相，但若無佐串骨角起，就是一種「不足」，經常是孤寂一生的命運，但如果鼻相好，就有所彌補，屬於一種「生」；所謂有餘，如「顴骨與眼爭」，由於眼下是子女宮，這部分被擠壓，就可能「子嗣不立」（無子、喪子、子不成材等皆屬），這種情況遇鼻樑高、鼻子大，因為使顴骨不至於顯得太突出，就是一種「剋」（高鼻抑制了高顴）。

所謂剛柔並濟，講求的就是過柔有所補（輔），過剛有所洩（或抑）。同時，後天的教育、修養、訓練，也能提供「內剛柔」的補與洩。

換個方式說明：胃腸不舒服，若是因為消化功能不佳，就以藥物或食品幫助消化，這是「補」；若是由於吃太多消化不了，就用吐劑或瀉劑，這是「洩」；若是消化能力太強，一直會覺得餓，以致吃太多，那就要想辦法抑制他的食慾，這就是「剋」；反之，增加食慾則是「生」。

靈活運用

曾國藩的文學和武功在當代都達到頂尖地位，實在和機遇有莫大關係：如果不是太平天國已經席捲半壁江山，而八旗、綠營又潰不成軍，他也沒機會以文臣成為大帥；然而，若不是他能剛柔並濟，也難以調適得那麼好。

中國文人受儒家影響至鉅，總是以「君子」自居，即使在朝廷黨爭激烈的情況下，對立雙方莫不互指對方為小人，己方為君子。而做為君子的條件，則是孔子說的「富貴不能淫，貧賤不能移，威武不能屈」，基本上是崇尚陽剛的，例如剛正、剛直都是形容士大夫守正不阿、不趨炎附勢的德行；而武將更是崇尚陽剛之氣：

「有斷頭將軍，無降將軍」。曾國藩多次在家書中訓勉諸弟「秉持母德」——他們的母親江氏夫人一生好強，撐持「人眾家貧」的一大家子——在給曾國荃的信中寫道：「凡事非氣不舉，非剛不濟……，以懦弱無剛四字為大恥」。

但是官場的現實面卻很難容得下一個百分之百不可妥協的「過剛」角色，曾國藩在「遇榮耀名利相爭之時，應當退讓三分，以柔道處之」。當然，這裡所說的柔道不是奧運技擊項目的柔道，更非小人一流的「陰柔之道」，而是謙讓虛心，不能直行就轉進。而他的底線則是林則徐的座右銘：「海納百川，有容乃大；壁立千仞，無欲則剛」，林則徐將之書寫做為堂聯，曾國藩也曾寫此對聯贈人。

人都有七情六慾，要做到無欲，談何容易。尤其是財、色二項，連孔子都說：「飲食男女，人之大欲存焉」，可見這是基本人性。而道家「降龍伏虎」、儒家「懲忿窒欲」則是抑制欲望的工夫，也和五行「有餘用洩」道理相通。

曾國藩當然不是一個沒有人性的人，他同樣有人之大欲，看到人家華屋美妾時，同樣會起羨慕之心。

在他仍是窮翰林的時候，有個朋友陳源袞新納一小妾，年方十幾，聽說貌若桃花。曾國藩有一次到陳源袞家中，聊完學問之後，開始稱讚陳源袞的艷福，甚至「欲強之見」，非要一睹芳容不可，朋友只好將新納小妾喚出，曾國藩還當面說了一些「不得體的話」。他在當天日記中寫下：「狎褻大不敬。在岱雲（陳源袞字）處言太諧戲，車中有游思。」也就是說，不但當場出言挑逗，回程中還在車上「意淫」一番，好在他事後有所反省，自我檢討以壓制淫心。

另一次，他到好朋友湯鵬家中，席間有湯鵬的二位美姬，當天日記中又寫：「諧謔為虐，絕無閒檢，放蕩至此，與禽獸何異！」

類似的記述在他的《日記》中屢屢見到，例如見到人家「鐘鼎美食姬妾如雲」，目光就屢屢斜視；甚至記載「房闥不敬，真禽獸也」——羨慕他人有錢有美妾，有可能會變成如他在《家書》中所說：「一事想貪，事事想貪；一時想貪，時時想貪」，有必要予以克制；可是自己在家裡和老婆燕好，還有什麼「房闥不敬」的問題？比較漢朝「張敞畫眉」的故事，張敞才是真性情，曾國藩就有點假道學；可是張敞「走馬章台」（下班逛風化區），顯示他的私生活不節制，而「五日京兆」則是使用權力的不知節制，終於受到懲戒；曾國藩則因有恆心、有毅力的持續自省工夫，成功且能長久持盈保泰。

曾國藩寫信給弟弟的家書中說：「近來見得天地之道，剛柔互用，不宜偏廢。太柔則靡，太剛則折。剛非暴虐之謂也，強矯而已；柔非卑弱之謂也，謙讓而已。趨事赴公則當強矯，爭名逐利則當謙退；開創家業則當強矯，守成安樂則當謙退；出與人物應接則當強矯，入與妻孥享受，則當謙退。」（語譯：最近對天地之道有所領悟，在於剛柔應互濟，不應該偏廢。太柔的話就是萎靡、懦弱，太剛的話卻容易折斷、碎裂。剛並不是要強加自己的意志於他人，只是要堅持原則而已；柔並不是卑屈懦弱，只是謙讓而已。執行公權力就當堅持原則，名利的事就該謙虛退讓；欲開創事業當然要堅持原則，欲維持榮景則要謙虛退讓；出外跟人家談判要堅持原則；在家和家人共享天倫之樂則無須一板一眼。）易言之，剛柔並濟不是「堅持與妥協的矛盾」，而是當剛處剛，當柔處柔。

第二節　外剛柔

本文

五行有合法。木合火，水合木，此順而合。順者多富，即貴亦在浮沉之間。金與火仇，有時合火，推之水土皆然，此逆而合；逆著，其貴非常。然所謂逆合者，金形帶火則然，火形帶金則三十死矣；水形帶土則然，土形帶水則孤寒老矣；木形帶金則然，金形帶木則刀劍隨身矣。此外牽合，俱是雜格，不入文人正論。

語譯

五行的相生相剋關係稱為「合」。例如，木生火，水生木，相生稱為順合。五行順合之相主富不主貴，即使偶或得貴（官位），宦途也將是浮浮沉沉，不易長久保持。

又如火原本剋金，但是有時火對金造成抑制、約束，反而對金有好的效應；同樣的原理也適用於水和土的關係。這種相剋之合為逆合。五行逆合之相主貴，而且非常貴（高位）。

然而所謂的逆合，如果是面相金形的人帶有火形，才是非常之貴，反之若火形之相帶金，可能活不到三十歲（不長壽）；如果是水形之相帶土形，便非常高貴，反之若土形之相帶水，可能寥落一生或臨老孤寒（晚景淒涼）；如果是木形之相帶有金形，非常高貴，但若金形之相帶木，恐有刀劍之災（殺身之禍）。除此之外都屬牽強湊合的模式，不列入文人之相的主流。

深入剖析

本節講的是外剛柔，也就是剛柔表現於外者，簡單說就是將人的面相分為火水木金土五種基本形。但是讀者切莫以「剛柔」二字的字面意思來解釋（否則就成了硬軟）。剛柔在這裡就是陰陽兩儀，人的面相如果是非常典型的五行之一，為五行正局（純形），屬於上佳形相；然而純形者極少，絕大多數人都屬於「兼形」，甚至

「兼形又兼形」，這時候就得看他的各部位五行是不是相合，相合就是佳相。

合就是生剋關係，生是順合，剋是逆合。基本上，順合意味著助力，《冰鑑》著重文人之相，文人學而優則仕，五行有助象徵仕途少阻，也就是少吃苦，大半是好缺，宦囊充裕，一旦金權掛勾，就有罷官甚至牢獄之風險，即使得貴也在浮沉之間。

逆合則意味著必須克服困難。讀書人講究氣節，能堅持原則、抗拒誘惑或壓力，孔子說的「富貴不能淫，貧賤不能移，威武不能屈」，這種人能夠成就大事業，但經常是「一身傲骨，兩袖清風」，然而這種「貴」可以持久，且享大名。

本文中所謂金形帶火、水形帶土、木形帶金為貴，反之則有禍，也都是針對文人做官而言，適用於從政人士，未必適用其他職業。這是《冰鑑》的專精，與其他相書不一樣，就以本節最明顯。

順合與逆合的作用也可以參考八字命相的五行關係。八字稱所生為「印」，印就是「蔭」的意思，八字用印就是本章所說「順合」，「不足用補」就必須是順合、有所蔭助。而八字稱被剋為「煞」，然未必不好，本命愈強則用煞可能更好。

靈活運用

曾國藩的官運好不好?基本上是好的，尤其他在當京官時期，可謂平步青雲。

前面提到過曾國藩當「黑翰林」時期的物質生活窮困，印證他缺乏「順合」（不富），但是升遷卻無阻。一八四〇年，庶吉士散館考試（相當進士入翰林後的畢業考），他以二等第十九名（一等有十七人）留在翰林院。通常，只有考第一等的少數人得以留在翰林院，其餘分發部院任職，或到地方幹個知縣、道員，但是曾國藩雖然排名第三十六名，這一年卻只有二人到部院，三人外放知縣，其餘通通留在翰林院，所以曾國藩在《日記》中寫道：「可謂千載一遇」。

之後的升遷更是順利，比較與曾國藩齊名、差不多時候中進士的胡林翼就明白曾國藩的官運有多好：胡林翼被分發到貴州當地方官，一待九年，出貴州時才是個五品道員，曾國藩卻已經是二品侍郎（次長級）了。

如果曾國藩的「命」是順合，那麼，二品紅京官實大有發財機會，可是曾國藩並未發財，卻也沒有「浮沉」，怎麼說呢？

曾國藩是大學士穆彰阿的門生，當時穆彰阿權傾一時，門生故吏個個位居要津，曾國藩想必因此而受益。但是穆彰阿後來垮台了，不但本人被鬥，朝廷中只要被標籤為「穆黨」者，通通都受到處分、罷黜或外放。

曾國藩卻沒有受到連累，原因就在於他並未與「穆黨」沆瀣一氣。最著名的一件事是「琦善案」：琦善是滿州正黃旗人，第一次鴉片戰爭中「抗旨求和」，判罪斬監候（死刑但緩刑），家產全部查抄入官，可是他得到穆彰阿的蔭庇又起復為陝甘總督，任上又「刑求殺人多名」，再被革職交刑部審訊；道光帝欽派軍機大臣與三法司（刑部、都察院、大理寺）會審，會審人員懾於穆彰阿的權勢，多有為他開脫者，獨曾國藩（當時署理刑部侍郎）力爭，而且「詞氣抗厲，四座為之悚動」，終於，琦善遭革職，發往吉林效力贖罪。

正因為這種剛正不阿的作風，曾國藩雖然也是穆彰阿的門生，卻未被打入「穆黨」之列。然而，在穆彰阿全盛時期，曾國藩不肯同流合污的作風，想必也曾遭人「打針下藥」過，但仍無礙他的仕進之途。這就是「逆合（有剋），其貴非常」的印證了。

第三節　內剛柔

本文

五行為外剛柔，內剛柔則喜怒、伏跳、深淺者是。喜高怒重，過目輒忘，近粗。伏亦不伉，跳亦不揚，近蠢。初念甚淺，轉念甚深，近奸。內奸者，功名可期。粗蠢各半者，勝人以壽。純奸能豁達者，其人終成。純粗無周密者，半途必棄。觀人所忽，十得八九矣。

語譯

面相各部位的五行生剋（順合逆合）是所謂「外剛柔」；蘊藏於內的剛柔之氣，也就是人的性格面，則表現於喜怒（情感）、伏跳（情緒）與深淺（城府、心機）。

高興時得意忘形、生氣時不克自制，事後卻都不記得（不惜福、不記恨、不記取教訓），這種人的性格接近「粗」；情緒平靜時不能抗壓（經常一時衝動），情緒激動時卻也不高昂，這種人的性格接近「蠢」（不是指智商低，是指反應遲頓）；遇到事情第一反應淺薄（憑直覺，缺乏邏輯），但是轉念卻很深刻，這種人的性格接近「奸」（城府深，性格狡詐，但非指奸惡）。

性格「奸」的人，能夠由淺入深，思慮周密，是內剛柔能夠互濟的表現，這種人必有一番功業可以期待；性格粗、蠢各半的人，剛柔可以互補，這種人通常比較長壽；純奸是指思慮自始至終都很深刻的人（由淺入深只是「近奸」），這種人如果能豁達大度，亦即喜怒不形於色，卻又能不計較、不記仇，這種人一定有大成就（內外俱「奸」，較前述「內奸者」更勝一籌）；純粗是指毫無城府，做事完全不計算的人（喜怒過輒忘只是「近粗」），幹什麼事情都不會有結果。

觀察人的內剛柔，要注意他有所輕忽的地方（如喜怒），才能看穿（文人）刻意掩飾的內心，如此則八九不離十了。（與〈神骨〉章觀人之脫略與針線同一道理）

深入剖析

本節專講內剛柔。

再講一遍，前節所說「外剛柔」是指臉型與各部位的五行生剋關係，不是指臉型外表展現的剛柔。例如一個人的五官若「挺直露節」，外型看起來很硬，但那是「木形人」的特徵；一個人的臉型若「肥大敦厚」，那是「土形人」的特徵，不是指面相肉多就「柔」。外剛柔是指各部位之間的陰陽相對相生互動關係，亦即五行生剋關係。

內剛柔講的就是性格上的剛柔了。簡單說，率直無隱、情緒立即反應的人就是剛，個性就「近粗」；完全沒脾氣就是柔，任人欺侮當然「近蠢」；喜怒不形於色，凡事考慮再三，話到口邊留半句的人，城府很深，屬於「奸」。但這裡說的奸，未必奸詐或奸惡，配合〈神骨〉章的辨邪之法，如「尖巧喜淫」、「別才而思」，邪人而奸才是奸詐、奸惡，品性正直的人而「奸」，在此處則屬於深思熟慮、做事有條理的大器。

曾國藩一生最崇尚剛直，他對漢朝開國功臣的樊噲，就持不同於一般歷史評論家的觀點：

漢初功臣就數樊噲氣質較粗，不能與其他人相提並論，此所以淮陰侯韓信「羞與（噲）為伍」。但是我觀察樊噲這個人，有兩件事為他人所不可及：劉邦剛進咸陽時，對於秦宮的建築、裝潢、寶物、異獸與美女大為心動，很想住在宮中，樊噲當時就勸諫：「這些奢麗之物，正是秦之所以失去天下的原因，大王請趕快回到灞上軍營，不可留在宮中。」這是第一件；高祖劉邦生病躺在禁宮，下令不准群臣進入，只有樊噲敢排開門口侍衛直入寢宮，問劉邦「當年何其勇敢？今日何其偷懶？」這是第二件事——這兩件事都不愧為能夠改變皇帝心意的大人。

也就是說，曾國藩不以樊噲為一個純粗之人，更不是一個蠢人，而是能夠引喻得當，從而說服國君做出正確決策的大臣。且由於樊噲的表現正合「粗念甚淺、轉念甚深」，而樊噲肯定不是個「奸臣」，更為本節所謂「奸」，做了最佳詮釋。

另以漢初三傑詮釋本節，蕭何就是「初念甚淺，轉念甚深」的人物：劉邦帶兵在外平叛，蕭何坐鎮關中，負責供輸糧秣；他起初廉潔自守，後來經人提醒後，即多置田產以「自汙」，以此減低劉邦對他的疑心。這是「奸」而不邪的見證。

張良是「至柔」的代表，能忍黃石公的拾靴羞辱，又能辟穀以自保，以順迎逆、以退為進。他的功勞大，但從不求官位權力，就是「純奸能豁達者」。

韓信打仗時，敢於「置之死地而後生」，但他面對惡少時卻也能忍受胯下之辱，事業成功、封王之後「一飯之恩必報，皆睚之怨必報」，則是「喜高怒重」，又兼具城府謀略的人物。

靈活運用

曾國藩練湘軍，首要之務就是革除八旗、綠營的壞習氣：勝則攘功，敗不相救；此營打敗，彼營掉臂不顧，甚至掩口竊笑。他要練的是一支「呼吸相顧，痛癢相關，赴火同行，蹈湯同往；勝則舉杯以讓功，敗則出死力以相救」的軍隊。

因此，他特別講求「忠義血性」，他認為，一個沒有忠義血性的將領，即使外在表現得「有才能、不怕死、不求名利、耐辛苦」，也是「終不可恃」。問題在於，一般有忠義血性的人，通常性格剛強，難得剛柔相濟之可用之才。用《冰鑑》的說法，就是「粗」者多，粗蠢各半者少。另一方面，曾國藩還兼負為國舉才的責任，要能適應清朝官場的遊戲規則，沒有一點城府（奸）還不行，所以得物色「奸而能豁達者」。

於是他特別強調將領要德才兼備。《曾胡治兵語錄》：「德而無才以輔之，則近於愚人；才而無德以主之，則近於小人。……二者若不可兼，與其無德而近於小人，毋寧無才而近於愚人」。他看出李鴻章有才，刻意用「誠」打磨李鴻章，直到李鴻章證明能夠誠以待人了，他才重用李鴻章，甚至推荐他籌組淮軍。

曾國藩手下有一位得力將領李續賓。李續賓在三河戰役陣亡，曾國藩為他寫「神道碑」（墓碑上的紀念文），稱道李續賓「含宏淵默，大讓無形，稠人廣坐，終日不發一言。遇賊（太平軍）則以人當其脆（弱），而已當其堅。糧仗則予人以善者，而已取其窳（劣）者。」這種性格不正是「伏亦不伉、跳亦不揚」嗎？

但是李續賓不是個「蠢」人，相反的，他是個忠義血性漢子，而且是一員勇將。湘軍初期勝少敗多，而最常打勝仗的是羅澤南，羅澤南死後，李續賓接掌這支湘軍主力，成為湘軍第一勇將。曾國藩用李續賓帶領主力部隊，就因為他是「粗蠢各半」——有血性、不爭功、不貪利，剛柔能相濟，理當「勝人以壽」，還把弟弟曾國華放在李續賓手下。但是人算不如天算，李續賓遇到的是太平天國「絕地大反攻」，由驍將李秀成和陳玉成聯手發功，結果李續賓和曾國華都陣亡在三河。李續賓陣亡的戰報傳到當時丁憂在家的胡林翼，胡林翼為之「嘔血暈厥，許久方蘇」，哀歎「四年糾合之精銳，覆於一旦」，足証李續賓在曾、胡二人心目中的份量，也說明了剛柔並濟人才之難得。

〈導讀〉中提到曾國藩建議李鴻章「劉銘傳若不能用，則殺之」。劉銘傳十八歲就為了替老爸、老哥出口氣，殺了一個土豪；加入淮軍之後，他的軍隊稱為「銘軍」，屢建功勞，可是劉銘傳倨傲難制，李鴻章傷透腦筋，於是在曾國藩奉詔剿捻，向淮軍借兵（當時湘軍已解散）時，就把「銘軍」撥給了老師。

曾國藩剿捻的兩支主力，一支是「銘軍」，另一支是蒙古親王僧格林沁陣亡後，統領僧王舊部的陳國瑞。陳國瑞也是一員勇將，卻比劉銘傳更「粗」，但他既勇敢善戰，又有不好色、不貪財的好品性。偏偏，劉、陳二員勇將合不來，兩營軍人發生了兩次械鬥，曾國藩若不能妥善處理，恐怕「內戰」會先開打。

曾國藩對劉銘傳先硬後軟：嚴厲斥責之後，並沒有追究過失，還勉勵他多讀書，劉銘傳自此之後變得智勇雙全，後來更成為台灣建省首任巡撫，為開發台灣做出非常大的貢獻；曾國藩對陳國瑞則是先軟後硬：用岳王（岳飛）和關帝（關羽）「忠主愛民，千古敬之，如天如神」這種粗人也懂的故事教育他。但是陳國瑞後來又反悔不服從曾國藩的裁決。口頭訓誡加勉勵既然無效，曾國藩於是請了聖旨，「剝」去陳國瑞的黃馬褂，撤職留任，責令戴罪立功，這一招對「純粗」的陳國瑞終於見效，從此對曾大帥俯首聽命。

曾國藩駕馭悍將，用的也是恩威並濟、剛柔互濟的手法。

《現代人的冰鑑對策》

所謂「先天種子」的真正意涵是什麼？先天，是我們無法去改變的，猶如種子的DNA決定了它是蘋果，還是玉米？一粒蕃茄種子不可能種出一棵尤加利樹。

然而，一粒種子的未來卻有著無窮的可能性：栽種的季節不同、土壤不同、灌溉水量不同、日照不同，乃至病蟲害、肥料……等等因素，都會影響這粒種子最終長成什麼樣兒。

這就是「先天種子」的真意了：人的一生有很多事情是我們無法去改變的，但是卻在不可改變之中，仍然存在改良、改善的空間，方法則是：不足用補，有餘用洩。

對策一：永遠想辦法了解自己更多一點。

陰陽五行到今天還有沒有時代生命？你可以把它當玄學看，多數人聽聽就算了，有些人卻迷信得要死。但是你也可以將之簡約為最單純的理論：凡事一定有兩面，我應該努力讓這兩面平衡，也就是「剛柔互濟」。

所以，了解自己愈多，就愈可以對自己「不足用補、有餘用洩」。

加強對自己的了解，方法很多：寫日記、做筆記是一種內省的方法；好朋友「友直友諒友多聞」當然是有益的。如果你嫌這些「老」方法不夠酷，上網去開一個自己的部落格，一方面記錄自己的思見聞，發表自己的觀點，另一方面，你肯定可以收到別人對你的意見，無論是正面或負面的，都是有益的。

對策二：視挑戰為維他命。

這是本章所謂「順合」、「逆合」的精髓所在。

順合就是有助力。所謂木合火、水合木，原理是五行木生火、水生木，對於火與木就是有助力，有助力就事業順利，這個道理每個人都聽得懂。

但是逆合就有學問了。「金與火仇」意思是：火剋金，所以金視火為仇人；但卻「有時合火」，因為真金不怕火煉，一條金鍊子日久顏色黯淡了怎麼辦？——到銀樓去「過火」，立刻就變成一條金光閃閃的金鍊子了。

人生也一樣。做事情都不遇到困難，當然好。可是，人生不如意十有八九，遇到困難、遇到挑戰怎麼辦？退縮肯定不是好對策，只有克服了困難，通過了考驗，才能更上層樓。此所以美國有些大公司定期派員工去參加激流泛舟訓練營，就是培養員工無畏險阻的勇氣。

回過來說，若你永遠是「柿子揀軟的吃」，永遠只做自己很容易就做到的事情，那你怎麼會進步呢？此所以「火形帶金」、「土形帶水」不好：火剋金、土剋水，總是只做輕易完成的工作，怎麼會有前途？

當然，一輩子都在面對困難、克服險阻，也未免太苦命了。所以說，把正常工作當作三餐，把挑戰當作「維他命」——三餐必須得吃，以維持正常生活所需，加一粒維他命則能確保你更健康。

第三章 容貌

以七尺為期貌合兩儀而論胸

接五方耳目口鼻全通四氣相

福生如靖如奏則林林總總不

貴整整非整齊之謂短不豕蹲

肥不熊餐瘦不鵠寒所謂整也

第一節　身體四肢與五官

原文

容以七尺為期，貌合兩儀而論。胸腹手足，實接五方；耳目口鼻，全通四氣。相顧相稱則福生；如背如湊，則林林總總，不足論也。

語譯

常人的身軀以七尺為標準（古代一尺約為今日〇．二三公尺，七尺之軀約一六〇公分，超過一七〇公分算高個子，不足一五〇公分算矮個子）；觀人之面貌先看左右是否對稱。

軀幹（胸腹）、四肢（手足）與五方（東西南北中）相對應；耳目口鼻和四季相通氣。

容與貌講求對稱、協調、匹配，如此則有福分；如果不對稱、不匹配（如鼻大眼小）或縮擠成一團，顯得散亂紛紜，這種容貌就不值得一說了。

深入剖析

前兩章說的是頭部，本章談容（軀幹與四肢）、貌（五官），而容貌不重俊美，重勻稱。

勻稱的概念，包括：對稱，如雙手、雙足等長、左眼右眼對等；匹配，如頭、身、手足的搭配，不宜某一部位特大或特短，而其他部位配不上，此所以頭大為貴相，但頭大身小者貧賤；而五短身材由於各部位相襯，反而是貴相。四肢長短不齊者無壽，就因為彼此之間不匹配；協調，特別是五官講求在面部的平衡分配，不宜擠在中間（湊），也不宜分得太開，予人「不相關聯」的感覺。

中國人既然是以五行哲學解釋所有現象，於是軀幹（胸部與腹部）加上四肢就剛好是四方加中央；另有一個說法是四肢對應四季，本文「四氣」就是四時之氣，而四季又和五行相通。總之，人的五官、五臟、五味、五色都對應四季、五行，簡單列如下表：

五行	木	火	土	金	水
五色	青	赤	黃	白	黑
五方	東	南	中	西	北
五臟	肝	心	脾	肺	腎
五味	酸	苦	甘	辛	鹹
四季	春	夏	長夏	秋	冬
五官	眼	舌	口	鼻	耳

由此也形成中醫學的「養生」之道，重點就在於「順時養生」。根據《黃帝內經》「人以天地之氣生，四時之法成」、「天食人以五氣，地食人以五味」，人要依靠天地提供的日光、空氣、水和各種食物以維生，更要適應四季的變化規律來保養

身體。明代大醫學家張景岳將這種概念具體化：「春應肝而養生，夏應心而養長，長夏應脾而養化，秋應肺而養收，冬應腎而養藏」。

讀者切莫以為上述篇幅談中醫養生之道是離題，不是的。舉一個例子：春天對應於五行是木，對應五臟是肝，春天「養生」的重點是心胸開朗、樂觀進取、生機盎然，特別是要「戒怒」，怒就傷肝、傷目，所以，發怒就稱「肝火上升」，怒氣又稱「肝氣」。一個人能不能克制自己的忿怒之情，可以從五官，尤其是眉宇之間看出來，這就是五行理論將相法、醫術連結起來了。

靈活運用

曾國藩的日記中，常對新識的幹部做一些記載，其中只偶爾用到面相之法，例如〈導讀〉中提過的咸豐八年十月二十八日附記：（為求方便再述一次）

王春發：口方鼻正，眼有清光，色豐美，有些出息。

毛全陛：鼻梁正，中有斷紋。目小，眼無神光。口小，不可恃。

唐順利：目小有精光，眉粗，笨人。

應用到口、鼻、目的觀人術，正是本節的原理——口方鼻正（相稱）者「有出息」，鼻正但口小（相背）者「不可恃」，目小但眉粗（不匹配）者為「笨人」。

曾國藩本人對養生與修身也依循五行理論，他在咸豐三年寫給曾國荃的信中（當時正是農曆三月、暮春時節）說：

「肝氣來時，不僅不能心和氣平，而且絲毫無所恐懼，確有這種情況。別說你處於盛年這樣，就是我逐漸衰老，也常有肝火不可遏抑的時候。但應強迫自己制住怒氣，也就是佛家所講的降龍伏虎。龍就是火，虎就是肝氣，多少英雄豪傑不能過此兩關。降龍養心，伏虎養肝，古聖賢所講的去欲，就是降龍；所講的戒怒，就是伏虎。」

曾國藩在這一段文字當中，不經意地將道家五行之說、佛家降龍伏虎之說與儒家窒欲懲忿之說連結在一起了。顯見中國文人是儒釋道不分的，而曾國藩亦無愧於後人推崇他「集大成」之譽。

然而，五行所對應的肝或心與我們今日所認知的肝臟、心臟是有所區別的。由於古代中醫的解剖學並不發達，各內臟器官的功能也不十分明瞭，因而發展成一套抽象的系統醫學，其中肝、心、脾、肺、腎指的都是抽象的系統，而非今日所指特定單一器官。

前述曾國藩寫給曾國荃的家書，其背景是曾國荃主攻金陵、久攻不下，北京急催曾國藩調李鴻章或左宗棠前往助攻。可是曾國荃意欲全攬攻下天京的功勞，曾國藩起初替老弟擋下朝廷催逼，可是攻城未有進展，來自朝廷的壓力愈來愈擋不住了，於是老哥寫信給老弟：「時下輿論都稱頌，胡林翼拿回湖北、李續賓攻下九江、曾國荃攻下安慶、李鴻章攻下蘇州、左宗棠攻下杭州（湘軍諸帥都已有美名）。金陵一城就和李鴻章共享克敵美名有何不好呢？如果堅持不求他人援助，遷延日久（攻不下），肝愈燥、脾愈弱，必成內傷，兄弟二人皆將後悔。」

故事的發展是曾國荃激勵部將，在李鴻章援兵到達之前，奮力攻下了金陵。但本文的重點在「肝愈燥、脾愈弱」，也就是五行「木剋土」；參考前面附表，肝對應木，脾對應土，肝氣太旺會傷到脾；再說一遍，不是肝臟會剋脾臟，是五行哲學應用在中醫學的抽象對應。同理，人的容貌也和五行、四季相通，任何一項太旺或太弱，都會對「平衡」造成影響，失去平衡就不能「相顧相襯」了。

第二節　論身材

原文

容貴整，整非整齊之謂。

短不豕蹲，長不茅立，肥不熊餐，瘦不鵲寒，所謂整也。

背宜圓，腹宜突坦，手宜溫軟，曲若彎弓，足宜豐滿，下宜藏蛋，所謂整也。

五短多貴，兩大不揚，負重高官，鼠行好利，此為定格。

他如手長其身，身過於體，配以佳骨，定主封侯；羅紋滿身，胸有秀骨，配以妙神，不拜相即鼎甲。

語譯

身體以「整」為貴，這裡所謂的整，並不是指各部位必須「對正看齊」，仍然是勻稱、協調的意思，並且具有整體性，不宜彼此背離。

個子矮的話，不能矮到像隻豬蹲在那兒（萎縮、沒精神）；個子高的話，不能瘦長如一株茅草般孤立；身材胖的話，不能像一頭吃飽後的熊（大腹、臃腫）；身材瘦的話，不能單薄得像一隻受不了寒冷的喜鵲；以上皆屬「整」的負面概念（高矮胖瘦都不宜令人有突兀的感覺）。

背部應該渾圓厚實；腹部應該圓而平坦（突腹可，突兀不可）；手要溫暖而柔軟，手掌彎曲如弓；足部應豐滿有肉，足心能窩藏一顆蛋最佳；這些是「整」的正面概念。

五短身材大多地位尊貴，兩條腿過長的人命運勞碌，背部圓厚如背負重物的人會做大官，走路如老鼠的人（碎步、急停、左顧右盼）通常貪財好利，這些是固定格局（永遠準確）。

至於一些非定格的體型，如雙手比上身長，上身比下身長，若能配合好的頭骨，就有封侯之命；又如全身皮膚細嫩（羅紋：綾羅綢緞），胸骨如刺繡般微微浮起（不藏不露），若再配上好的眼神，即使不當宰相，也有狀元的命。

深入剖析

本節專論「容」，也就是一般所謂「身材」。

人的身材高矮胖瘦，那是先天的。但是，若予人突兀之感，就是「不整」。《冰鑑》專論文人，因此首重功名，末段就列出兩種「非定格」的封侯、拜相身材。但請注意，無論手長或皮嫩，「容」的異相仍然得配合有好的神骨，神骨還是第一。

所謂「鼎甲」，進士殿試前三名稱為三鼎甲：第一名狀元，第二名榜眼，第三名探花。而狀元在日後擇相時常被優先考慮，因此，這裡稱鼎甲是專指狀元。

劉備

手長其身已是封侯之相，手長過膝就有天子相，最有名的當屬三國劉備。且看《三國演義》中劉備的「上場式」：生得身長八尺（一百八十幾公分），兩耳垂肩，雙手過膝，目能自顧其耳，面如冠玉（再印證一次「少年公卿半青面」），唇若塗脂。

易言之，劉備比一般人高大，而且耳朵特大，比他的手長過膝更具特徵，因此常被他的敵人呼為「大耳賊」。

歷代開國之君多有身材高大之特徵，最「高」的是漢光武帝劉秀「身長九尺三寸」（二一四公分！），其他如南朝宋武帝劉裕身長七尺六寸（一七五公分）、齊高帝蕭道成七尺五寸（一七三公分）、北朝周文帝宇文泰身長八尺（一八四公分）等，都是明顯比（當時）常人高大的身材。

然而這些開國君主都不太可能「手溫軟」、「腹突坦」，因為他們都得拿起武器打天下，不是太平時代的文人。當然，五短身材就更不宜於沙場爭勝了，因此，五短多貴也是文人特有，至少，農夫若五短身材，肯定比常人更辛苦。

簡單說，「容貴整」仍然用上了五行哲學的概念：各部位相互之間講求平衡、勻稱、匹配。即使是非定格的「異相」，也得「搭配神骨」，方才是佳相。

靈活運用

曾國藩練湘軍「以文人帶農夫」為骨幹，可是打仗必須吃苦耐勞，因此即使有封侯拜相之格，細皮嫩肉不能吃苦的文人是不宜進入軍隊的。

當他駐軍安慶時，有一位姓戚的湘鄉老鄉前來投奔，此人話不多，偶爾擇重要之處說上幾句，都能說中要害，曾國藩對他頗有好感。

到了吃飯時，戚某見飯中有稻粒，他將稻粒挑出。曾國藩在飯後叫人贈送戚某二十兩銀子做為盤纏，打發他回家鄉。

戚某大驚，忙向曾國藩的表弟彭傑南求助，曾國藩對彭傑南說：「他吃飯連一顆稻粒都挑出不吃，我擔心他日見異思遷，貴而忘本。」彭傑南請求再給戚某一個機會，於是曾國藩派戚某去主管菜園。戚某與傭耕農人同吃同住，從早到晚一起勞作，一年多始終不渝，於是通過考驗，被委以軍中公務，最終官至觀察使。

這個故事說的不是「相」，但卻是「命運」。那位戚先生或許相貌有貴相，但若非遇到曾國藩，給他受磨練的機會，當然有可能如曾國藩所說「貴而忘本」，最終成就必有限。

前面提到曾國藩「打磨」李鴻章的經過，但即使是李鴻章已經當上了江蘇巡撫之後，曾國藩在給李鴻章的信中仍寫著：「吾輩當為餐冰茹蘗之勞臣，不為腦滿腸肥之達官也。」

做大官應酬多，總難免有肚子，但是「腹宜突坦」，也就是不過度突出，如果外形變得「腦滿腸肥」，就成了「熊餐」的臃腫之相矣。

第三節　論相貌

原文

相貌家有清、古、奇、秀之別，揔之不必，須看科名星、陰騭紋為主。

科名星，十三歲至三十九歲隨時而見；陰騭紋，十九歲至四十六歲隨時而見。二見全，大物也；得一亦貴。

科名星見於印堂眉彩，時隱時見，或為剛針，或為小丸，嘗有光氣，酒後及發，怒時易見。陰騭紋見於眼角，陰雨便見，如三叉樣，假寐時最易見。

得科名星早發，得陰騭紋遲發。二者全無，前程莫問。陰騭紋於喉間，又主子貴；雜路不在此格。

語譯

面相學將「有格」的人相類分為：清澈之相（超脫凡俗）、古樸之相（淳厚高遠）、奇偉之相（氣宇軒昂）、俊秀之相（俊美可親）。但是不必由總體外貌來論斷，主要由科名星和陰騭紋來看文人的命運。

科名星在十三歲至三十九歲之間，不定時出現（機運來時即出現）；陰騭紋在十九歲到四十六歲之間，不定時出現。二者兼備，日後必成大器；即使只見其一，也必有高位。

科名星出現在印堂和眉彩之間（大致在鼻樑之上、雙眉雙目之間部位），時隱時現，有時形如鋼針，有時形如小丸，也可能散發光氣，特別在酒後和發怒時容易看見（光氣）。

陰騭紋出現在眼角，陰雨天候就會出現（可能由於皮膚在相對濕度高時較鬆馳，使細紋顯現），形狀如三股叉，假寐（瞌睡）時最容易見到（同理，皮膚鬆馳）。

有科名星的（文）人，很早就得功名；有陰騭紋的人，較晚發達。如果二者都缺乏，前程就不必問了。另外，如果陰騭紋出現在咽喉部位，兒子會得高位。但若出現在其他部位，就不屬於「子貴」這個格局。

深入剖析

本節專論「貌」，但卻完全不以貌取人，能不能學而優則仕，全看科名星和陰騖紋。

科名，就是功名。古人滿十五歲行冠禮，也就是成年禮，孔子也說「十五有志於學」，因此，十三歲出現科名星當然是「早發」。

陰騖，就是陰德，屬後天修養，意味著以後天的努力取得成功，因而「遲發」。

然而，少年得志者也可能「小時了了，大未必佳」，或因成功得來太容易而不懂得珍惜，或傲氣凌人而缺少友朋奧援。所以，兼得科名星和陰騖紋二者，先天早發又兼後天修養，必成為大人物。

典型的例子是明神宗時的張居正。雖然我們由畫像看不出他的科名星和陰騖紋，但是他的成功過程，正是本節最佳註釋：

張居正十二歲就考上了秀才。他的父親張文明卻仕途不順，七次考鄉試（舉人）

不第（前後二十年），這位老秀才放棄自己的科名之念，專心栽培兒子。張居正五歲開始學古文句讀，十歲通曉六經大義，十二歲在學政和知府面前作〈南郡奇童賦〉，「荊州張秀才」立即名聞遐邇。

十三歲，張居正到武昌參加鄉試，考官都很賞識他，湖廣巡撫（省長）顧璘對他「許以國士，呼為小友」，並對布政使（省民政長官）、按察使（省司法長官）說：「此子將相才也。」可是，考中舉人就可以派官，顧璘認為對這位神童的成長不利，所以對主考官馮御史說：「這位張姓儒子是天縱英才，讓他早一點做官未嘗不可。但是我個人認為，不如讓他更成熟一點再說，他將來的成就實在未可限量。」馮御史也同意，於是沒有錄取張居正。

鄉試三年一次，張居正在下一次鄉試（十六歲）中舉後，專程前往拜見顧璘，顧璘解下自己的犀帶贈給張居正，說：「我同馮御史一席話，耽誤了你三年。之所以這樣做，是希望你能立志宏遠，效法伊尹、顏回，不以一個少年成名的秀才而自喜自負。來日你將佩玉帶（拜相），這條犀帶（二品）是束縛不了你的。」

顧璘對張居正的期許和「稍加壓抑」，正合《冰鑑》本節的哲學。

張居正不但科名早發，而且因為有顧璘等一班正直朝臣照護提拔，在二十三歲中進士之後，旋即入翰林，也就是未來入閣的必要條件，而且在奸臣嚴嵩當權期間，得以「請病假」避開——嚴嵩知道張居正有才幹，但若徵召他做官卻不受命，就得罪當權奸臣，立即有禍；受命做官則成了「嚴黨」，將來要秋後算帳的。請病假雖然可以暫時閃避，但若朝中無人，也可能就此「淡出」了。易言之，張居正不但「科名早發」，且有「陰騭庇佑」，終於成為「大物」：三十五歲掌翰林院、四十二歲成為內閣大學士（宰相職），四十七歲任首輔（首席宰相），開始推動明朝中葉最重要的一次政財軍全面大改革，一直到五十七歲病逝，這十年間他都是「一人之下，萬人之上」的大人物。

靈活運用

曾國藩的考運並不算好。十三歲第一次參加童子試（考秀才），考了七次，二十二歲才考取，但隔年就中了舉人。所以，他的科名星應該不算太早出現，但總算是出現了。另一位與他一生命運息息相關的洪秀全，小他三歲，也是十三歲開始考秀才，卻屢試不第，結果走上造反之路。這不是題外話，請看下文。

曾國藩中舉後，進京考進士，頭二次都不中，第三次向親戚借貸三十二緡才得以入京趕考，到京時只剩三緡，幸好這一次考中進士（二十七歲），否則很可能沒有下一次機會，也就沒有後來的曾國藩了。

中了進士，入了翰林，他結交了一批新的師友，他在家書中寫道：「現在朋友愈多，講躬行心得者則有唐鏡海先生、倭仁前輩，以及吳竹如、竇蘭泉、馮樹堂諸人；窮經學理者則有吳子序、邵慧西；講習詩書、文字而藝通於道者則有何子貞；才氣奔放則有湯海秋；英氣逼人、志大神靜則有黃子壽；又有王少鶴、朱廉甫、吳莘畬、龐作人，此四人皆聞余名而主動來拜訪。以上諸人雖然造詣深淺不同，但都是有志之士，不甘居於庸碌之輩也。」易言之，他交了一班「不甘庸碌」的朋友，這些朋友聲氣相通，將來也在事業上互為奧援，這就是「陰騭」。

曾國藩兼有科名與陰騭，所以成為「大物」。可是科舉制度之下，文人只有通過考試、得到功名才是正途出路，考運不好的人怎麼辦呢？都和洪秀全一樣造反嗎？

曾國藩在給諸弟的一封家書寫道：「我覺得，六弟（曾國華）今年考中當然好，萬一考不中，就應該把以前（一切為考試）的東西徹底放棄，一心一意地學習前輩們的文章。年紀已過了二十，不算小了，如果還似摸牆走路一般，為考試猜題忙碌，等到將來，時間付出了而學業仍不精通，一定會悔恨失策的，不能不早做打算啊！我以前也是沒看到這一點，幸虧早早得到了功名，而沒有受到傷害，假如到現在還未考中，那麼，幾十年全耗在為功名奔忙，仍一無所得，豈能不羞愧？這中間（科名）誤了多少人的一生啊！國華是世家子弟，天資聰明又過人，即使考不中，也不致於挨餓，何必為科舉耽誤一生呢？」

曾國藩是以過來人的經驗與反省，對諸弟苦口婆心。可是上述那番話聽在弟弟們的耳中，必定暗罵這位老哥。因為那封信是曾國藩入翰林沒幾年的事，他自己二十三歲才中舉，卻要弟弟二十一歲「考不中就放棄」，什麼意思嘛！

事實是，在那個年代，科舉功名就是文人的唯一出路，此所以科名星和陰騭紋是如此重要（相貌清、古、奇、秀都不重要，沒有科名星和陰騭紋，就「前程莫問」）。

洪秀全如果考中秀才、舉人，肯定不會造反；沒有太平天國之亂，曾國藩肯定沒有後來的偉大功業（至多文章傳世，「三不朽」只能得其一）；曾國華如果有功名，就可以走自己的仕途，不必跟隨老哥打仗，後來陣亡，這也算是命中注定吧！

第四節 論五官

原文

目者面之淵，不深則不清。鼻者面之山，不高則不靈。

口闊而方祿千鍾；齒多而圓不家食。

眼角入鬢，必掌刑名。項見於面，終身錢穀：此貴徵也。

舌脫無官，橘面不顯。文人不傷左目，鷹準動便食人：此賤徵也。

語譯

眼睛是面部的兩泓潭水（深而不流之潭為淵），眼睛不深邃，面部就不清爽；鼻子是面部的山，鼻樑不挺、鼻頭不高（二者必須承接有勢），面部就沒有靈氣；嘴巴寬闊而呈方形，必能享有千鍾俸祿（高官）；牙齒排列整齊且圓潤，必定宦途順利（不需要回家吃老本）；兩眼秀長且有延伸到鬢角之勢，有威儀且性剛毅，必定掌握司法權力；前額髮線後退，使得頭頂與前額連成一片，必定掌握財政權力。以上都是好的面相特徵。

口吃者官運不佳；面部皮膚如橘子皮（色黃、表面凹凸不平）者官位不高；左眼角有傷痕或缺陷者考運有礙；鼻子形如鷹嘴者動不動就害人；以上都是不好的面相特徵。

深入剖析

本節談眼鼻口齒等部位。但請注意和〈神骨〉章的區別與關聯。〈神骨〉談雙目，專注於「神」，談鼻骨專注於「勢」；本節則專注於面貌的外在形象。

眼睛要如兩泓深潭，不深，就談不上「清」，這個「清」又和「神有清濁之辨」相關聯，所謂神清氣爽，和眼神當然大有關係，而眼若不深邃，眼神就不夠清（別忘了，「清」還要辨邪正）。

鼻部也是相同道理，鼻骨講求「芽起」，也就是鼻樑要直，如果再能順勢向上成為隆準（鼻部隆起），就如高山之有靈氣。

「千鍾祿」和「不家食」幾乎就是清代文人讀書做官的目標。

清朝官吏的正俸（本薪）很低，根本不夠家中用度。外官還有「養廉銀」或其他油水，京官就得靠外官孝敬（冰敬、炭敬），甚至六部也因職掌不同，有「富貴貧賤威武」六字訣：戶部富、吏部貴、禮部貧、工部賤、刑部威、兵部武。

做官歎俸祿不夠，卻還有人拿錢買了官卻佔不上實缺，也就是候補官。《官場現形記》說：「通天下十八省，大大小小候補官員總有好幾萬人。」江南民間順口溜說：「婊子多，驢子多，候補道多。」僧多粥少，有人甚至一等十年還補不上。

於是，文人首重考運（不傷左目），考不上只好捐官（拿錢買）；做了官又要求官運，畢竟一路順暢的少，顛簸者多，或升或調始終有官做就是「不家食」，被免職、革職、候用，甚至丁憂服喪期滿卻無缺可派，就只能「回家吃自己」。所以，不家食乃成為貴徵。

考不上又買不起官的文人，只好當人家的幕僚。地方官最重要的兩個幕僚就是刑名師爺和錢穀師爺，這兩位老夫子在衙門裡比其他管文書、用印、倉庫等師爺神氣，此所以有威者掌刑名、善理財者掌錢穀，也都是貴徵。

口吃者官運不好，應屬常識性的推論，因為口齒清楚是做官的有利條件，口吃就「想當然耳」成為不利條件。但是，例外情形卻俯拾皆是：

漢高祖劉邦自沛縣起兵時，有一對兄弟周苛和周昌自始就追隨他。後來周苛在戰爭中被項羽俘虜，堅持不肯投降而被烹殺，劉邦因而更敬重周昌。

劉邦得天下後，因寵幸戚夫人而有意廢黜太子劉盈，改立戚夫人的兒子劉如意。群臣在朝廷上力爭，周昌有口吃的毛病，在情緒激動之下發言：「臣口才不好，但『期期』以為不可以；陛下若要廢太子，臣『期期』不接受詔書。」這就是「期期以為不可」名句的典故，而「期期」就是口吃者急促發出的氣聲。這個故事證明：口吃者未必做不到大官。

鷹鉤鼻的人性情陰險殘忍，有一個例子是春秋時的越王勾踐：

吳越世仇的成因，最初是吳王闔閭趁著越王允常逝世、新王勾踐剛剛即位，內部可能不穩的機會，發兵三萬攻打越國。

勾踐親自領兵迎擊，他對諸將說：「吳軍兵多勢強，必須以計破之。」勾踐的

「計」是什麼呢？他將三百名死囚列隊在陣前，每個人袒露上身，把刀子架在脖子上，朝吳軍陣地走去，走到吳軍陣前，為首一名死囚大聲說：「我國得罪了上國（指吳國），使上國出兵討伐，我們願以死代越王贖罪。」說完，帶頭引刀自殺，三百名死囚一個接一個自殺……。

這一幕把吳軍看呆了，勾踐把握機會發動攻勢，吳軍潰敗，闔閭中箭，後來傷重死亡。（接下去則是夫差報仇與勾踐復國的故事）

勾踐的計策成功，可是用死囚集體自殺的手段卻稍嫌殘忍。逆向思考則是：死囚若抗命不肯自殺，可能得到更慘的懲罰（如親人被屠殺等）。以此推論，勾踐是一個稟性殘忍的人。

勾踐

這和勾踐的面相又有什麼關係呢？

越王勾踐復國、滅吳之後，北上與諸侯爭雄。功臣范蠡急流勇退，帶著西施出走，跑到齊國經商致富，成為中國人的財神「陶朱公」。他在齊國時，派人帶一封信給另一位越國功臣大夫文種，說：「飛鳥盡，良弓藏；狡兔死，走狗烹。越王的面相長頸鳥喙，可以和他共患難，不可以和他共安樂，你為什麼還不離開呢？」文種後來果然被勾踐「賜死」。

信中所謂「鳥喙」，應該就是指鷹鉤鼻了，因為很少人的嘴巴形狀如鳥啄般尖出，但鼻頭如鳥啄般下垂成鉤狀則常見。如此則印證了：有著鷹鉤鼻的越王勾踐，果然賦性殘忍，動不動就殺人。

靈活運用

前面述及清朝地方官最倚重的二位幕僚是刑名和錢穀師爺，所以，面相符合掌刑名與掌錢穀的文人都屬貴徵。

曾國藩籌組湘軍，最重要的二件事就是軍紀與餉源。當時官軍遇到太平軍之所以不堪一擊，有如此一種說法：「兵畏賊，不畏將；將畏兵，不畏法。」甚至戰鬥力較強者如向榮所部「每打勝仗一次，一兵要賞銀一兩，後改為三錢，軍中嘩然，誓不出力」。軍紀腐敗是致命傷，而缺餉更不必奢言練兵。

曾國藩領導湘軍首重軍紀，鐵面執法的代表性將領是彭玉麟，前章已述及。其次是軍餉自籌，乃能少受朝中或駐在地督撫之掣肘，而為曾國藩掌管錢穀重任的則是郭嵩燾。

郭嵩燾和弟弟郭昆燾原本就與曾家熟識，曾國藩最初不願接下湖南團練的重任，是郭氏昆仲再三勸促，甚至連袂拜訪曾國藩的老爸曾麟書，曾父將國藩叫到面前訓斥了一番，曾國藩才答應出馬，而條件則是郭氏兄弟「入幕參贊」，而郭嵩燾從一開始就承擔了最難克服的財政大任。

前面提及官兵打仗要賞銀，地方團練不是官兵，但如果靠官府撥餉則受官府牽制，若向鄉紳勸募則受「保鄉衛家」觀念束縛，難以「出省剿賊」；各地團練若都以「自守」為念，太平軍就得以繼續橫行流竄。

曾國藩想出來的絕招是：奏請朝廷准許在各項釐捐（中央稅）當中扣下部分供湘軍運用。這一招事實上就是郭嵩燾的創見，而且他也是最重要的執行者。後來李鴻章帶著淮軍到上海任江蘇巡撫，也特別情商郭嵩燾擔任蘇松（蘇州與松江二府）糧道，在太湖魚米之鄉負責錢穀重任。

但郭嵩燾雖然「終身錢穀」，而且始終「不家食」，但是官運並不好，一次得罪蒙古親王僧格林沁被降三級，一次得罪左宗棠被彈劾降職。他後來擔任駐英國使臣，對鼓吹造船造炮著述頗力，更將歐洲見聞寫成遊記刊行，卻被保守派罵成「鬼子」，卸任回國後，湖南士紳沒有人理他，李鴻章也幫不上忙，但郭嵩燾仍堅持理念，說「流傳百世千齡後，定識人間有此人」，稱得上是一位孤獨的先驅者。

一定有人想問：郭嵩燾是不是「項見於面」？答案是不確定。因為清朝男子規定都得薙髮——自額角兩端取一直線，剃去頭髮，剩下的部位留長髮、編成辮子，盤在頭頂或垂在背後，所以每一個人都是「項見於面」！

《現代人的冰鑑對策》

拜現代科技之賜，我們可以重塑我們的外型，但是我鄭重的建議：

對策一：整容千萬不要破壞了五官的均衡。

謹記「相顧相稱則福生」的原則。或許我們對自己的某一個部位，不管是眼、耳、口、鼻，覺得不滿意，愛美是天性，修整後人悅己悅固為美事一樁，但是切忌指明「我要做成某某人的眼睛」，那人的眼睛未必和你的另外四官相搭配，萬一搞得不勻稱、很突兀，豈不是東施效顰？不騙你的，五官不均衡的話還真不好看，若因此壞了一世福分，更划不來。

對策二：勿因矮小而自卑。

牢牢記住「五短多貴，兩大不揚」八字訣。身材短小除了打籃球吃點虧外，其他沒有什麼不如人的地方，反而兩條腿太長，和身體不對稱是不好的相。中外歷史上，拿破崙和鄧小平都是矮個子，誰敢瞧不起他們？何必一定得身長八尺？但是個子小氣勢卻不能示弱，所以，下一個建議是：

對策三：昂首闊步，展現自信。

這是針對「鼠行好利」一句而設。文人「好利」是被列為缺點的，若有相書專門針對生意人，寫法一定不同。但無論如何，步伐短而急促總予人不自在的感覺，非但身材短小者步伐急促會讓人看起來像老鼠，正常身材者步伐急促也會予人壓力、不舒服感。

對策四：別天天照鏡子尋找科名星、陰騭紋。

一個原因是「不好找」，通常得有相當專業才曉得「那就是科名星」。真正的用意則在：勿以考試、文憑為唯一出路。

湘軍名將左宗棠一生未考取進士，郭嵩燾在咸豐帝面前推薦左宗棠，咸豐說：

「左宗棠何必以進士為榮！文章報國與建功立業所得孰多？」在那個時代，文人只有考取進士才有機會做大官，若非太平天國作亂，哪有機會建功立業？但是今日不同了，多元化社會行行出狀元，機會多得是。

但我並不是「文憑無用論」者，不以考試為唯一出路也不意味可以「不讀書」。任一行想當狀元都得讀書，只是不要只讀「會考的書」，要讀「有用的書」。

第四章　情態

有弱態有狂態有踈懶態有周

爲依人情致婉轉此弱態也不衫

若無人此狂態也坐止自如問答

懶態也飾其中機不苟言笑察言

避凶此周旋態也皆根其情不

第一節　精神的延伸

原文

容貌者，骨之餘，常佐骨之不足。情態者，神之餘，常佐神之不足。久注觀人精神，乍見觀人情態。大家舉止，羞澀亦佳；小兒行藏，跳叫愈失。大旨亦辨清濁，細處兼論取舍。

語譯

容貌是骨骼的延伸，且常常能彌補骨骼的缺陷（例如：若鼻骨勢不足，但鼻頭肉多豐隆可補缺陷）。

情態是精神的延伸，且常常能彌補精神的缺陷（例如：後文將談到的「舒懶而真誠」，可以補〈神骨〉章所說「隱流」的缺陷）。

看相的方法，定睛注目以觀察人的精神，乍見時第一印象則觀察人的情態。

如果一個人的內在修養很好，那麼，即使個性內向羞澀也屬佳相；如果一個人是小家子氣，他愈是以跳叫等誇張動作掩飾，反而更顯得失態。

觀人情態時，從大處著眼也要如〈神骨〉章所說的「先辨清濁」；小地方則要有所取捨（人情百態，要曉得取重點、捨枝節）。

深入剖析

前一章談容貌，本章談情態，都是〈神骨〉章的延伸。回味一下〈神骨〉章：「二者（脫略與針線）實看向內處，稍移外便落情態矣，情態易見」正是本章的伏筆！

也就是說，觀人首先要看到他的內在（脫穀為糠，其髓斯存），方法則是注目（一身精神繫乎兩目）。但是，人的內心深處畢竟不易窺得，於是就得由外在表現的情態擷取印象。然而，人的情態雖然「易見」，但也「易做（作）」，所以要有所取捨，首重第一感（乍見），其次分辨清濁，再次分辨主從而下論斷。

人的情態首重大方，也就是本節所謂「大家舉止」。人的內在修養到了一個程度，就不會動作小裡小氣、待人接物斤斤計較，處理事情也不至於見樹不見林，這和個性內向或外向沒有關係，所以說「羞澀亦佳」。

《世說新語》記載：東晉太傅褚裒一向被認為有識人之明。有一次他路過武昌，拜訪江州刺史庾亮，問：「聽說你手下有一位從事（官職名）孟嘉很優秀，他在座嗎？」

庾亮說：「在，你看得出是哪一位嗎？」

褚裒仔細端詳在座諸人，指著孟嘉，問：「這一位和別人稍有不同，莫非就是他嗎？」

庾亮大笑，說：「是。」

書上只說褚裒有知人之明，沒說他會看面相，所以，孟嘉與其他人「稍有不同」，不同之處顯然就在氣質方面，也就是孟嘉的情態「大家舉止」，自然顯得不俗。

《世說新語》另一個故事：曹操接見匈奴使者，由於曹操本人身材並不雄偉，而北方民族通常高大，因此派中尉崔琰假扮自己，曹操本人則拿著刀站在床頭假扮侍衛。

會見結束以後，曹操派間諜向使者打聽：「你覺得魏王怎樣？」匈奴使者回答：「魏王相貌堂堂。可是，他身後那位拿著刀站在床頭的侍衛才是真英雄啊！」

據史書記載：「武王（曹操）姿貌短小，而神明英發。」配合這個故事來看，曹操的「容」（身材）雖然不符合「七尺」的平均值，但是「神」和氣質卻不至於被假身分掩蓋。

如果是「大家舉止」，在遇到窘況時，常能從容不迫或落落大方地處理。前面提及那位孟嘉後來擔任桓溫的參軍，有一年重陽節登高，桓溫在山上請客，山風吹落了孟嘉的帽子，孟嘉只當沒事，桓溫叫孫盛當場作文章笑他，孟嘉也即席作文章回應，而且「其文甚美」——這就是大家舉止。

《世說新語》記載有「竹林七賢」，這七位仁兄經常在竹林之下喝酒暢談，是當時文人流行清談的代表人物。

竹林七賢當中有一位劉伶，此君喝酒過度，老婆將家中所有盛酒的器皿都砸了，並且流著眼淚勸他別再喝了。劉伶說：「好。可是我自己戒不了酒，必須向鬼神宣誓才行。」於是他老婆備好酒菜供神，請劉伶發誓。劉伶向鬼神說：「天生劉伶，好酒成名。一喝就是一斛（十斗），喝五斛才能解癮。婦人之言，千萬不可聽信。」說完，吃肉喝酒，又大醉一場。

在那個時代，男人是一家之主，男子漢大丈夫不願戒酒的話，大可明講，不必用騙的。劉伶這種就叫做「小兒行藏」。

劉伶喝醉酒之後，經常脫了衣服，裸體在屋中，有人看見這幅景象便譏笑他。劉伶說：「我以天地為住宅，以屋宇為內衣。各位為何跑進我的褲襠裡來？」

或許，有人認為這是豁達不拘，是名士不修邊幅。但是，在正常的古代讀書人社群當中，這種行為卻屬「小兒行藏」的「跳叫愈失」。

同時期的陶侃擔任荊州刺史都督六州軍事，需才孔急，有人向他推薦一位年輕人很優秀，他就親自去拜訪。看到這位「有為青年」住在一間小房子裡，滿屋書籍，可是棉被不洗、頭髮又長又亂，陶侃只看了一眼，回頭就走。回去對推薦人說：「此君『亂頭養望，自稱宏達』，連一個房間都管不好，我不相信他能處理國家的事情。」

事實上，東晉時期文人崇尚清談，一個人究竟是天生豁達，還是亂頭養望？用相法說，是「辨清濁」，用普通話說，則是「看他是天生自然，還是刻意做作」。

靈活運用

「久注觀人精神，乍見觀人情態」，易言之，情態正是所謂「印象分數」。然而，情態雖然說可以「做」出來，但是「作態」久了一定會被看出來，因此情真意誠仍是根本。

李鴻章是晚清辦洋務的主要人物，他親口對曾國藩的孫女婿吳永說過下面這段故事：

別人都曉得我前半部的功名事業是老師（曾國藩）提挈的，似乎講到洋務，老師還不如我內行。不知我辦一輩子外交，沒有鬧出亂子，都是我老師一言指示之力。從前我老師從北洋調到南洋，我來接替北洋，當然要先去拜謁請教的。老師見面之後，不待開口，就先向我問話道：「少荃，你現在到了此地，是外交第一衝要的關鍵。我今國勢消弱，外人方協以（聯手）謀我，小有錯誤，即貽害大局。你與洋人交涉，打算作何主意呢？」我道：「門生只是為此，特來求教。」老師道：「你既來此，當然必有主意，且先說與我聽。」我道：「門生也沒有打什麼主意。我想，與洋人交涉，不管什麼，我只同他打痞子腔（李鴻章是合肥人，痞子腔是安徽俗語，即油腔滑調之意）。」老師乃以五指捋鬚，良久不語，徐徐啟口曰：「呵，痞子腔，痞子腔，我不懂得如何打法，你試打與我聽聽？」我想不對，這話老師一定不以為然，急忙改口曰：「門生信口胡說，錯了，還求老師指教。」他又捋鬚不已，久久始以目視我曰：「依我看來，還是用一個誠字，誠能動物（感動別人），我想洋人亦同此人情。聖人言忠信可行於蠻貊，這斷不會有錯的。我（我方）現在既沒有實在力量，盡你如何虛強造作，他（洋人）是看得明明白白，都是不中用的。不如老老實實，推誠相見，與他平情說理；雖不能占到便宜，也或不至於過於吃虧。無論如何，我的信用身分，總是站得住的。腳踏實地，蹉跌亦不至過遠，想來比痞子腔總靠得住一點。」

曾國藩上述這一番話，其實對「大家舉止，羞澀亦佳；小兒行藏，跳叫愈失」做了另一個層面的註解：

李鴻章所謂「打痞子腔」，並不是以洋務大臣身分在面對洋人時耍油腔滑調，而是「力不如人，盡可能耍手段拖磨」的策略。但是曾國藩認為，洋人難道看不出你在拖延？力不如人就使出拖字訣，就是「跳叫愈失」，愈拖，破綻愈多，最終占不到便宜的；不如捨棄「虛強造作」，推誠相見，與他平情說理（大家舉止），如此則縱然蹉跌（小受挫），也不致過於吃虧（羞澀亦佳）。

第二節 情態四型

原文

人有弱態，有狂態，有疏懶態，有周旋態。

飛鳥依人，情致婉轉，此弱態也。

不衫不履，旁若無人，此狂態也。

坐止自如，問答隨意，此懶態也。

飾其中機，不苟言笑，察言觀色，趨吉避凶，此周旋態也。

皆根其情，不由矯枉。弱而不媚，狂而不譁，疏懶而真誠，周旋而健舉，皆能成器；反此，敗類也。大概亦得二三矣。

語譯

常見的人的情態有四種：弱態、狂態、疏懶態、周旋態。

若小鳥依人般的委婉親切，叫做弱態（柔弱）。

不修邊幅且旁若無人，叫做狂態（不羈）。

行動率性自如，想做什麼就做什麼；言語坦率，想說什麼就說什麼，叫做疏懶態（怠慢）。

隱藏掩飾自己的心機，不輕易開玩笑，待人接物總是察顏觀色，處事總是趨吉避凶，叫做周旋態（圓滑）。

這四種態度都源自內心的真情實性，不容虛飾造作。

委婉柔弱而不流於諂媚，狂放不羈而不喧嘩聒噪，怠慢疏懶而能真誠，圓滑周旋而能堅持原則，這些都能成為有用之材；反之，就是敗類。

由此觀察一個人能否成器，大概可以看出二三成。

深入剖析

本節談的是常態，但不是指常人就只有這四種情態，事實上，這四種情態反而可以是常人當中的異態——多數人受禮教的約束，不太會有特別突顯的情態表現；

那麼，所謂常態指的是什麼呢？指的是四種「定型」的情態，猶如數學中的「常數」是指不變的一個數字。這四種是「源自真情實性而不易做作掩飾」的情態，是可以「據以推論二三成」的定型，其他千百種情態非屬定型，無法一一列舉。至於那些隨機而生的情態，稱為時態，在下一節討論。

生性柔弱的人，服從性特強，經常表現得百依百順。所謂「飛鳥依人，情致婉轉」已經接近女兒態（非屬文人常態），或許是比較誇張的形容，但柔弱而媚，非佞幸即馬屁精，當然是敗類。至於什麼是「弱而不媚」呢？

漢初三傑的韓信，年輕時是個社會寄生蟲，沒有工作，到處寄人籬下討口飯吃，當地屠夫欺負他，要他選擇「拿劍刺死我，否則便由我胯下爬過」，韓信選擇了忍受胯下之辱——設想當時韓信的情態，夠「弱」了吧？

後來他投入項羽部下，屢次獻策卻不被採納，於是逃亡，投入劉邦陣營，又因為不受重視而逃亡，幸虧有「蕭何月下追韓信」，向劉邦力薦，才成為大將——顯然，他不是個諂媚的人。

於是，在韓信身上印證了「弱而不媚」能成大器。而韓信三次被劉邦奪取兵權始終不反，最後被殺之前才後悔「未接受蒯徹之計」（蒯徹建議他自立為王，與項羽、劉邦三分天下），也說明他不是一個當斷即斷的人，而缺乏決斷，正是「弱」的一種。

衣衫不整，旁若無人，是狂態。個性狂放的人最忌憤世嫉俗、大言賈禍，例如《三國演義》中擊鼓罵曹的禰衡，當著曹操和眾賓客裸體，還痛罵曹操和手下所有謀臣武將。固然有才華，但是恃才傲物又偏激不合群，最後被「借刀殺人」不得善終——這是「狂而譁」。

那麼，怎樣才是「狂而不譁」呢？《世說新語》的故事：東晉太尉郗鑒派一位門生送信給丞相王導，表示希望在王家子弟當中選一位女婿。王導對門生說：「你到東廂房中，任你挑選。」

門生回報太尉：「王家幾個子弟都不錯，聽到我來挑女婿，一個個都故做矜持，只有東邊床上有一個男孩露出肚皮仰躺著，好像不知道有這麼一件事。」郗鑒說：「就這個好。」打聽之下，那個男孩是王導的侄兒王羲之，就將女兒嫁給了他，這也是「坦腹東床」、「東床快婿」的成語典故。

王羲之就是狂（衣衫不整、旁若無人）而不譁（好像沒事般），後來成為大書法家，且因伯父是丞相、岳父是太尉，官運當然也一路平順。

疏懶而真誠的例子就很多了，最常見於詩人、藝術家，詩仙李白堪稱代表人物。杜甫〈飲中八仙歌〉對李白的描述是：「李白斗酒詩百篇，長安市上酒家眠，天子呼來不上船，自稱臣是酒中仙」，夠疏懶了吧！而他的詩句如：「抽刀斷水水更流，舉杯銷愁愁更愁」、「仍憐故鄉水，萬里送行舟」、「長安一片月，萬戶搗衣聲；秋風吹不盡，總是玉關情」，句句見真誠。

相反的，疏懶的人若缺乏真誠，易被人認為是「混」。我有一個朋友就被人形容為「貓熊」，因為貓熊是「走到哪裡，吃到哪裡，睡到哪裡」，從心所欲，毫無生活紀律。但是這朋友有個優點：交待他事情，他總是認真去辦，所以從未被視為是一個混日子、得過且過的人，而且朋友們都能體諒他的天性。

疏懶而無真誠，被視為「混」都還算好的，若被人認為故意怠慢或態度輕薄，有可能因而惹禍上身，甚至因而亡國喪家：

春秋時，晉國的公子重耳流亡在外，遍歷諸國待遇各不同。經過曹國時，曹共公是個疏懶之君，不太搭理重耳，反而趁重耳洗澡時，偷窺重耳的「駢脅」（駢就是並，脅同脇，傳言重耳的助骨與背骨相連，也就是在脅下並連）。後來重耳回國執政，成了五霸之一的晉文公，在爭霸過程中，找個藉口征服了曾經怠慢且輕薄過他的曹國和衛國——重耳是流亡的王子，嚐遍人情冷暖，他可以接受勢利眼，但不能忘懷被輕薄。也就是疏懶若無真誠則為招禍之源。

所謂周旋態，就是我們常見那種天性圓滑、處處不得罪，「逢人只說三分話」的人。這種人如果能堅持原則，就是謹慎小心；如果不能堅持原則，就是鄉愿；如果毫無原則，就可能是奸邪小人，須慎防他會為一己之利出賣朋友。

唐高宗想要廢掉皇后，立武則天為后。徵詢大臣意見。褚遂良說：「皇后並沒有聽說犯了什麼過錯。」這是健舉（有原則），李世勣說：「這是陛下家事，何必再問外人？」這是鄉愿；許敬宗說：「平常一個田舍翁如果歲末多收成十斛麥子，尚且都會想要換老婆，何況天子換皇后，干其他人何事？」這就是奸邪。

靈活運用

「弱而不媚」，曾國藩本人就曾做過一次示範。

那是湘軍最艱困的一段時期，曾國藩接到北京來的上諭，重點有二：一是俄國表示願意協助剿除太平軍，中國官軍將主力放在陸路，俄國可派三、四百人海軍於水路配合進攻；二是美國表示願意用商船助運漕米，走海路以避過運河不通。

這哪是好心助剿？根本是黃鼠狼給雞拜年。但是洋人氣勢正焰，而東南方江蘇、浙江軍情吃緊，曾國藩大軍則兵困祁門、進退不得。

曾國藩上奏指出：「外夷之助中國，成功之後，每多意外要求」，他建議：「向外國使節鄭重表達謝意，但是延緩他們出兵的日期。」對於洋船運漕米則大力贊成，可是「寧支付交高運費，卻用不著插外國旗幟」。

這就是低姿態但不諂媚。雖然這個故事非關面相，但卻正是「情態」的表現，讀者當有所體會所謂「弱而不媚」。

曾國藩最得力的滿州將領塔齊布則是狂而不譁的一個典型。

湘軍在九江、湖口大敗，曾國藩撤退到南昌「寄人籬下」，塔齊布仍然駐紮九江，但是被太平軍隔絕，兩人隔廬山相望，三個月後才會合。那一年除夕，塔齊布發動反攻九江城，因寡不敵眾，單騎走鄉間，胯下座騎陷入泥潭，被一位鄉農救回家中。

大年夜，全軍卻哭聲一片，因為塔齊布沒回營。直到夜半三更，鄉農送回塔齊布，曾國藩和羅澤南光著腳（大冷天喔！）奔出營帳迎接，三人抱在一起。塔齊布大聲說：「我餓極了，快拿飯給我吃。」吃完飯，已是元旦。

由這一段來看，塔齊布是一員豪爽狂放的勇將，但是，據記載：塔齊布平時「有愚憨、無能之態」，但一上戰場「磨拳切齒，口流唾沫，一副想要生吞對方的架式」——狂而不譁，定能成器！

「周旋而健舉」的最佳詮釋，是胡林翼對待官文。

胡林翼擔任湖北巡撫，最大的問題不是太平軍而是湖廣總督官文。官文是旗人，也是少數仍堪用的旗人方鎮大員。胡林翼起初對官文貪污、包庇下屬頗為氣憤，但旋即警覺官文是扳不倒的，於是改變策略：大力攏絡官文，私函直呼其為「老兄」，自己的母親收官文之寵妾為義女，報功勞時將官文放在前面；另一方面，他加緊整飭吏治、嚴查貪污；也就是給足官文面子，自己得到裡子，讓官文在花費公帑上滿足了侈費之習，卻杜絕了官員貪墨之風，在浪費和貪污之間「兩害相權取其輕」。如此「做好公關且堅守原則」，使得胡林翼在一年半之內，讓湖北省庫由虧空轉為盈實。

另一件事是調和湘軍二位水師大將彭玉麟與楊載福（岳斌）之間的矛盾。彭、楊二人是湘軍水師最重要的二位將領，但二人性格都剛直，關係不和。有一次，胡林翼寫信請兩人前來商談要事，楊岳斌先至，正談得起勁，彭玉麟到了，楊岳斌起身就要走，胡林翼命其坐下。彭玉麟進來，見楊在座，也轉身往回走，胡上前拉住，也請坐下。

胡林翼吩咐下人備酒三斗，每人一斗，酒過三巡，胡林翼聲淚俱下，說：「天下糜爛至此，全賴諸君協力挺住。如果兩位和其他將領都各自生嫌隙，又怎麼可能共創中興大業呢？」彭、楊二人原本也是血性漢子，登時大悟，於是和好如初。這是胡林翼「周旋」的功力，但他不是兩面說好話的「和稀泥」，而是曉以大義，也就是「健舉」。

第三節 與人的態度

原文

前者恆態，又有時態。

方與對談，神忽他往；眾方稱言，此獨冷笑；深險難近，不足與論情。

言不必當，極口稱是；未交此人，故意詆毀；卑庸可恥，不足與論事。

漫無可否，臨事遲回；不甚關情，亦為墮淚；婦人之仁，不足與談心。

三者不必定人終身。返此以求，可以交天下士。

語譯

上一節談的是定型的恆態，另外還有臨場隨機而生的情態，歸之為時態。

正在和他對談時，眼神、目光突然移往他處，或思緒突然離開對談之主題；大夥兒正談得高興，此人卻獨自冷笑；這兩種人城府深、居心險，難以接近，不可與他們談真心話。

聽到別人發表未必妥當的言論，口中卻連說「對呀，對呀」；與人並未有交往，卻故意對人家進行譭謗；這兩種人或品格低下、或平庸無定見，不可與他們論事。

對任何事都缺乏定見，不肯定也不否定，事到臨頭則遲疑不決；為了一個不相干的人或一件不重要的事情而落淚；這兩種人是婦人之仁，不可與他們討論深刻的議題。

以上三種應時而生的情態不必用來推斷一個人終身的命運，但若能以三者反求諸己，自己不犯這三種毛病，那就有條件結交天下英才了。

深入剖析

本節已經脫離傳統的面相術範疇，而是標準的觀人術了。尤其最後二句「反此以求，可以交天下士」是反求諸己的功夫，因此，與其說是觀察哪些人「不足與論情、論事、談心」，不如說是君子修身該注意的外在表現——如果不犯這三種錯誤，就可以讓所有的人認為你是一個「可交的朋友」。易言之，這是「個人公關」的高級表現！

一個城府深、居心險的人當然不可與之結交，因為他會出賣朋友，你做了他的朋友就有被出賣的風險，那還不如保持距離來得安全。

《三國演義》在赤壁大戰之前，曹操大軍南下時，東吳文武百官「議論紛紛不一」，武將要戰，文官要降，孫權猶豫不決，於是將周瑜召回建康商量。

周瑜到了建康，第一波來訪的是張昭、顧雍等老臣，表示主張向曹操請降；第二波來訪是程普、黃蓋等戰將，表示寧死不降；第三波來訪是諸葛瑾、呂範等文官，認為「降者（則）易安，戰者難保」；第四波呂蒙、甘寧等武將，有要戰者、有要降者，互相爭論。周瑜對四波來人都不表明態度，送走客人之後……「冷笑不止」。

周瑜對文武官員都不表態，為的是等到見過諸葛亮再做定論。一見諸葛亮，周瑜主動表示：「戰則必敗，降則易安。來日見主公，便當遣使納降。」魯肅一聽可急了，當場和周瑜爭了起來……孔明只「袖手冷笑」。

接下去，是孔明引述曹植〈銅雀臺賦〉中二句：「攬二喬於東南兮，樂朝夕之與共」，氣得周瑜「吾與老賊誓不兩立」（因小喬係周瑜之妻），這才決定了劉備、孫權聯手抵抗曹操。

這裡的重點是：前面周瑜「冷笑不止」和後來孔明「袖手冷笑」，都是自己心中已有主張：周瑜笑的是文臣怕死，孔明笑的是周瑜故意說違心之論，魯肅卻不明白二人心中已有定見。數百年來的三國讀者多以曹操為「壞人」，以孔明、周瑜為「好人」，而忽略小說中這些細膩之處，事實上，周瑜對主降之文官、孔明對周瑜豈不都是另有居心（〈神骨〉章所謂「別才而思」）？他倆的「冷笑」也都是「深險難近」不是嗎？從周瑜的立場來看，孔明的確是「不足以論情」啊！

但是，你都和人家保持距離，永遠都是君子之交淡如水，也不是上策。因為，就有那種「未交此人，故意詆毀」的卑庸可恥之徒，他雖然不認識你，卻也會詆毀你。

前節提到那個禰衡，為了突顯自己，所以故意貶抑他人，把曹操手下最優秀的謀臣武將批評得一文不值：「荀彧可使弔喪問疾，荀攸可使看墳守墓。程昱可使關門閉戶，郭嘉可使白詞念賦。張遼可使擊鼓鳴金，許褚可使牧牛放馬。樂進可使取狀讀詔，李典可使傳書送檄」，以上還是好的，再講下去更不堪：「呂虔只能當個鐵匠，滿寵是個醉鬼，于禁可以幹泥水工，徐晃是屠夫，夏侯惇怕死，曹子孝貪汙，其他都是衣架、飯囊、酒桶、肉袋……。」而他自己則是「天文地理，無一不通；三教九流，無所不曉。」讀者切莫以曹操是「壞人」，所以禰衡「罵得過癮」，事實上，禰衡這種人才是百無一用，空有一張嘴，學問再好也不足與論事。

至於「婦人之仁」這句充滿對女性歧視的成語，雖然今天已不適用，但是它的意思仍然值得我們戒惕。且看它的典故：

漢初三傑的韓信評論項羽：「待人恭謹，對下慈愛；部下生病時，含著淚分食物給他；但是部將建立了功勞，升他的官，連印信都刻好了，卻在手中摩玩，不捨得授與。這就是所謂婦人之仁。」

在那個年代，婦女幾乎沒有受教育的機會，甚至在家中也沒有任何決定權，所以，慈愛、恭謹是男女共通的美德，節儉和沒意見在婦女是美德，在男人卻成了缺陷，因而有「婦人之仁」這個成語。

且將性別歧異放在一旁，一個臨事不決，或濫情用事的人，的確在事業上不易成功。

本節所述三種負面的情態，要避免和這些人有過深的接觸，更不宜和他們共事、合作；逆向思考的話，你若能不犯這些錯誤，甚至你若能有誠意（與人對話不轉移注意）、肯負責（不亂附和也不亂批評）、能決斷（遇事不猶豫），那你肯定「得道多助」。

靈活運用

曾國藩在一封家書中寫道：「沅弟（九弟曾國荃）言我仁愛有餘，威猛不足；澄弟（四弟曾國潢）在此時亦常說及；近日友人愛（關心）我者人人說及；無奈性已生定，竟不能威猛。」

如果單看這一段，會以為曾國藩身為湘軍大帥，卻也有婦人之仁的缺陷。但事實上不然；曾國藩如果臨事遲回，或有著太多「不忍人之心」，勢不能在那個盜匪遍地的環境下建立威望。相反的，他卻擁有「曾剃頭」、「曾屠戶」、「元兇」、

「民賊」等惡名，那不是因為他在戰場上殺了很多太平軍，而是懲辦盜匪用刑嚴酷。

曾國藩在團練大臣公館設立審案局，「設知州（官職名，任務型派用）一人，照磨（官職名，八品至九品）一人函審匪類，解到重則立決、輕則斃之杖下，又輕則鞭之千百。……案至即時訊供，即時正法，亦無所期待遷延。」

無論他是殺戮太甚，還是情況需要，曾國藩殺人絕不手軟，也不會拖延決定，所以絕非婦人之仁，有必要時更會趕盡殺絕。

湘軍與太平軍勝負決定性的一役當屬集賢關戰役，那一仗，太平軍是英王陳玉成為主帥，連壘十八座，集合了天京以外的最精銳主力部隊；湘軍則由曾國荃、多隆阿主攻。最終湘軍獲勝，且「屠殺」太平軍俘虜，慘狀連最兇悍的曾國荃都為之手軟，表示要「回湖南當一個鄉農」。反倒是平素溫和的曾國藩寫信給九弟：「目下收投械之人，似不甚妥善，如擠癤子不可讓它留下膿根，如蒸爛肉不可屢揭鍋蓋。克城以多殺為妥，不可假仁慈而誤大事。」

《現代人的冰鑑對策》

這一章雖然在面相上的重要性排序第四，可是對現代人形象塑造的重要性可能是第一。因為「神骨」、「剛柔」都是先天的，而容貌能「佐骨之不足」，但是人工改良的空間委實不大。

情態就不同，情態是我們自己可以控制的，或者說「可以用後天訓練以獲致的」，但絕非要你偽裝、做假；事實上，《冰鑑》本章的重點之一就是看穿偽裝（如「叫跳愈失」）。所以，最重要的是誠於中、形於外，必須從內在修養下手。

對策一：不要見了人才堆出笑臉。

所謂「久注觀人精神」，是〈神骨〉章的應用，不久注就不可能看到「斷續處」；情態「常佐神之不足」，觀人情態的要訣是「乍見」，也就是第一印象，甚至常常是第一瞥就決定了第一印象。

我們在職場上待人接物，常常需要笑臉迎人，這是職業性的禮貌。如果你總是事到臨頭才堆出笑臉，對方縱使「乍見」沒看出來，久了也會被看出做作；但若你心中早做準備，心理建設愈充分，就可以維持愈久。其實，這就是「誠」了，即使你不喜歡對方那個人，但是只要你是真的有誠意和他打交道，對方一樣會感受到誠意的。

功夫下得再深一點，如果等一下要會見某重要人士，何妨在等待時就在腦海中推演一下待會兒見面時的招呼語，在這同時，就把原本要見到人才「堆」出的笑容先堆起來。那麼，對方待會兒就會從門一開或轉角處一轉過來那一瞬間，就「瞥」到你的笑容啦！

對策二：永遠不要惱羞成怒。

遇到失意、挫折、窘迫甚至遭人刻意攻訐時，防衛性的反應是正常的，沮喪的表情也是正常的。我們在生活中或電視上都看過其他人那種表情，可是我們永遠會記得某人的蠻橫、硬拗、沒風度的發怒，那叫做失態，也就是「跳叫愈失」。

ＯＫ？我們自己千萬別犯這種錯。

對策三：隨和很好，但別做應聲蟲。

有些人主見很強，有些人不喜歡堅持己見，後者往往得到「隨和」的風評。然而，隨和會讓你在團體中獲得友誼，輕易「附和」卻往往讓你失去他人對你的敬意。

有時候這是一種習慣，但那是一種不良習慣：有人說了一個論點，另外一人在旁「對對對」，如果後者是對每個人、每個論點都「對對對」，相信你不會對他有特別敬意，甚至會習慣性的「忽略」他的言論，因為他總是附和每個人的觀點，那麼，他怎麼可能有任何具價值的意見？

關鍵點就在「言不必當，極口稱是」八個字：人家發言除非你真的認為很對，否則輕易附和是會傷到自己形象的。當然，支持一個勇敢而正確，但卻不同流俗的觀點，你必須和發言者具備相同的勇氣，而且那也不屬於「應聲蟲」一類。

對策四：不要濫施同情，至少要節制。

這裡不是指看電視連續劇、電影、小說時「一掬同情之淚」，戲劇、小說是我們抒解日常緊張生活的節目，隨著情節發展而表露情感是正常的。

但是在正常生活中濫施同情，且不說旁人認為你「婦人之仁，不足與談心」吧，社會上騙子那麼多，有一部分就是利用同情心，甚至這類騙術還會去找一個「公益」外殼，那比電話詐騙的直接騙子還可惡。

如果你是親友同學同事圈中公認的「濫好人」，而且常常遭人利用你的同情心，大家都曉得你「很容易上當」，請問，你的社會形象會很正面嗎？

對策五：與人交談時不要眼光到處亂飄。

這應該是職場守則中的老生常談了。簡單說，這種人肯定被認為「靠不住」。試問，你碰到一個與你握手時，眼光卻望向他處的人，你對他的印象如何？如果答案是否定的，那麼，我們至少可以做到自己不犯這種錯誤。

頸有多寡取其與眉相稱多者宜注

縱而無文景是下乘

第五章

鬚眉

辨他如眉眼鬚利散亂多憂細

權如帚者赴法場笛中亦有微

有神氣濃忌浮光淡忌枯索如

第一節　鬚眉男子

原文

鬚眉男子。未有鬚眉不具可稱男子者。「少年兩道眉，臨老一林鬚。」此言眉主蚤（早）成，鬚主晚運也。然而紫面無鬚自貴，暴腮缺鬚亦榮：郭令公半部不全，霍驃驍一副寡臉。此等間逢，畢竟有鬚眉者十之九也。

語譯

俗話說「鬚眉男子」，因為鬚眉是男子氣概的表徵。未曾見過無鬚無眉而稱得上男子漢者。

俗話又說：「少年運勢就看兩道眉毛，到老則看一把鬍鬚」。也就是說，眉毛主早年事業有成，鬍鬚主晚年運勢轉佳。

但是也有例外：面皮紫色者即使沒有鬍鬚也得以貴重，兩腮暴突者即使鬍鬚稀疏也得以顯達。歷史人物有二個例子：郭子儀的鬍鬚稀疏（爵封汾陽王，官居三公，聲望崇隆，部下遍及各軍區掌兵權），霍去病眉毛稀疏（遠征匈奴，功業蓋世，封冠軍侯）。但這些都是例外的個案，不屬常見的典型。畢竟男子發達者仍以有鬚眉者占九〇%以上。

深入剖析

鬚眉是位於面部的毛髮，眉是男女皆有，而鬍鬚則是男子成年以後才逐漸顯現，因此，以鬍鬚為男性「丈夫氣概」的表徵，有其生理學上的依據。

雖說「有鬚眉者十之九也」，但畢竟那「無鬚眉」的一成不能說是很小的比率，此所以將鬚眉置於神骨、剛柔、容貌、情態之後，也就是必須先看前四者，例如已有眉骨「伏犀起」的貴相，則眉毛稀疏一點仍「瑕不掩瑜」。

同時由於鬍鬚是男子成年的性徵之一，所以「眉主早成」其實是「青少年看眉相」的意思，因為青少年無鬚，只能看眉毛，基本上是針對面部毛髮的觀察，更不要忘了鬚眉也是面貌的一部分，所以「貌合兩儀而論」（兩道眉要對稱）、「相顧相稱則福生」（鬚眉要與五官均衡）配置仍為觀察要點。

「紫面無鬚自貴，暴腮缺鬚亦榮」兩句，是「無鬚眉不能稱男子」的自圓其說示例，也就是那「十分之一」當中，至少有這兩種仍屬貴相，其他則未一一列舉。

至於「紫面無鬚」是否一定發達，倒不見得。乾隆年間台灣發生林爽文（天地會）之變，福康安率軍到台灣平亂，得到平埔族的協防，於是上奏撥近山土地給有功平埔族人屯墾，稱為屯丁。道光年間有一份屯丁名冊——十二名屯丁，年齡十八歲到四十七歲，通通都是「紫面無鬚」！

如果曾國藩時代的湘軍、淮軍弁勇個個「紫面無鬚」，我們還可以解釋「當年農夫從軍都累積三、四品軍功」，但是台灣的原住民屯丁能否累積軍功成為「貴人」，值得疑問。或許只能作以下自圓其說：《冰鑑》觀人以漢人、文人為主，少數民族的膚色、鬚髮基因可能大不相同，屯丁的面相也不能與文人一體而論。

而所舉兩位歷史人物的例外，郭子儀和霍去病恰巧又分別是老運亨通與少年得志的最佳範例。

附圖郭子儀素描是宋代人所繪，中唐與宋時間較接近，可信度頗高，該圖即顯示郭子儀的鬍鬚並不茂盛。

然而，五十七歲以前的郭子儀事實上並沒有多風光：他是武舉出身，在重文輕武的時代屬於「非主流」，但武舉至少是武人的正科班，因此郭子儀晉升頗為順利，十年間由從九品的「左衛長上」一路升到正五品的折衝都尉（禁衛軍中高級軍官），然後外放邊區，擔任邊防軍的將領。

郭子儀

五十八歲那年，他被派任安北副都護兼天德軍使又兼豐州都督，開始擁有地盤和全權指揮軍隊。六十歲那年，發生了安史之亂，唐玄宗逃亡四川，太子在靈武即位（唐肅宗），徵調各地兵馬到靈武會師，反攻長安。而郭子儀和李光弼率領的朔方兵團成為主力，於是郭子儀被任命為兵部尚書、同中書門下平章事（宰相職銜）兼朔方節度使——一下子「出將入相」都齊全了。後來他平定安史之亂、封汾陽王，並成為全國一半以上節度使（軍閥）的精神領袖，因為他們都是他的舊部，兒子還娶了皇帝的女兒，大唐江山等於他一個人撐著──如此一位老運興旺的傳奇人物，卻並沒有「臨老一林鬚」。

就以本書第一章第四十二頁那則故事來說吧：郭子儀確實權傾天下，卻又低調謙恭，唐代宗是個識相的弱勢天子。對本章的意義則是，郭子儀是鬚眉較疏卻又位極尊貴的一位。

霍去病是漢武帝時北征匈奴的少年英雄，他是大將軍衛青的外甥，衛青則是漢武帝的小舅子，霍去病算起來也是皇帝的外甥，所以十八歲就做了皇帝侍從官，又追隨衛青北伐，第一仗就以八百人斬首二千級，封為冠軍侯。他參與那一仗時的軍職是剽姚（亦稱嫖姚、票鷂）校尉，因此在一戰成名之後，「霍嫖姚」反而成為他的代號，像杜甫〈後出塞〉：「借問大將誰，恐是霍嫖姚」就是一例，他的最高軍階驃騎將軍反而少有人記得了。

霍去病少年得志，但並沒有風光太久，因為他自前述那場成名戰到去世，一共只有七年，至於他是否「一副寡臉」則無以考據。所謂寡臉，是形容眉毛稀疏的單薄相，《麻衣相法》：「眉為兩目之翠蓋，一面之儀表」，一張臉若沒有眉毛，感覺上真的很平板，缺乏生氣，即所謂寡臉（讀者不妨一試：如附圖以漫畫手法，畫一圓為臉部，點兩點做眼睛，一豎為鼻，一橫為口。這樣的臉感覺就很「平」，但若在兩眼上各添一橫做眉，這張臉就「活」起來了。而同樣手法畫臉，缺鼻或缺口，都不如缺眉的感覺）。

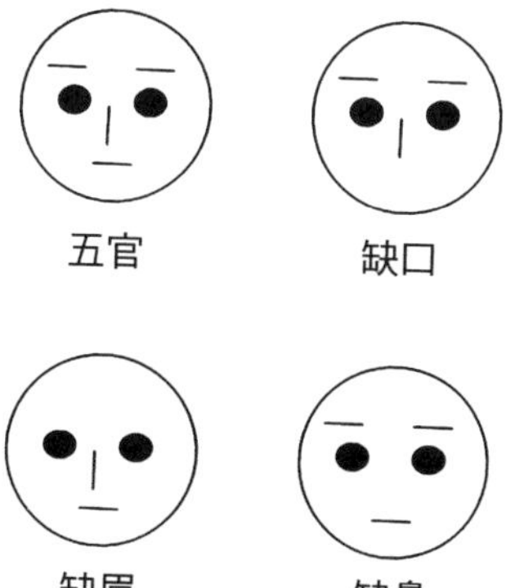

靈活運用

曾國藩二十二歲中秀才，共考了七次才錄取，稱不上少年得志。隔年中舉人，進士則考了三次，二十七歲才考上，但之後的仕途順利，三十九歲就當到正二品的禮部侍郎。如果「太平日子」就這麼過下去，曾國藩或許也可以做到大學士（宰相職），但肯定不會成就「立德立功立言」三不朽。

太平日子是被太平天國打斷的。一八五二年洪秀全出廣西、入湖南，八月圍攻長沙，年底攻向湖北，官軍望風披靡；清廷急令各省在籍大臣興辦團練，自衛鄉

曾國藩

梓，曾國藩也在名單中，這一個大變化讓他由文官變成大帥。那一年，他四十二歲。

所以，曾國藩和郭子儀有著好幾個相似點：一、都是臨老（古人五十歲已是老年）才遇到人生轉捩點；二、都能力挽狂瀾成為中興名臣；三、都能在權傾天下、力撐全局的情況下，持盈保泰，未做非分之想（造反篡位）。

但是，曾國藩的鬍鬚卻比郭子儀茂盛多了，從附圖來看，雖稱不上美髯公，卻也有著一林鬚。順便談一下他的眉毛，正應了《麻衣相法》的詩句：「眉細平過眼，清疎秀出群；更加初月樣，名譽四方聞」。的確，曾國藩的眉毛是「細平過眼」，也如新月下彎。

第二節 論眉毛

原文

眉尚彩，彩者，杪處反光也。貴人有三層彩，有一二層彩者。

所謂文明氣象，宜疏爽不宜凝滯。一望有乘風翔舞之勢，上也；如潑墨者，最下。倒豎者，上也；下垂者，最下。

長有起伏，短有神氣；濃忌浮光，淡忌枯索。如劍者掌兵權，如帚者赴法場。個中亦有徵范，不可不辨。

他如壓眼不利，散亂多憂，細而帶媚，粗而無文，是最下乘。

語譯

眉毛有泛光彩者為上乘。所謂光彩，是指眉梢部位的泛光（如鳥獸羽毛末梢尖端處常見一抹泛漾）。地位高貴之人最多會呈現三層光彩，其次者有一、二層光彩。

觀察眉毛有所謂「文明氣象」，是指眉毛的紋路要明朗、氣勢要通暢，所以講求疏而順暢，不宜濃而凝滯。一眼望去有乘風飛舞感覺者，是最佳眉相；一眼望去狀似潑灑墨跡者，是最差眉相。雙眉倒豎如「倒八」或狀似兩把刀者為上乘，雙眉下垂即俗稱「八字眉」為下乘。

眉毛長應有起伏（一字眉太長則單調），眉毛短應有精神（否則無以輔佐眼神）；眉毛濃最怕有浮光（如抹油），眉毛淡最怕狀似乾枯繩索（斷絲亂迸）。眉毛如劍的人從軍必擔任將帥；眉毛如掃帚的人有刑殺之災；其他還有種種變化徵兆，不可以草率下定論。

此外，眉毛過重而有壓制雙目的感覺、眉毛散亂而使目光顯得憂慮、眉形太細而有媚態、眉形太粗而缺乏紋理（雜亂），皆屬最下乘的眉相。

深入剖析

本節專談眉相。基本上，眉與眼在面部應一體看待，也就是必須搭配著來看，也有所謂「眉君目臣」的說法，只因為眉在上、眼在下。然而，《冰鑑》開宗明義就以眼睛透出的精神為主，所以不細述眼形，而眉相也就成為眼部的輔佐——通論是不要「壓眼、散亂」或「細而帶媚、粗而無文」，致使眼神受到干擾；個論則有如劍、如帚等各有所主。至於乘風、潑墨、倒豎、下垂、浮光、枯索等，都著重於對雙目的影響。

《醉翁談錄》有一則寓言式的笑話：

有一天，口對鼻說：「你有什麼貢獻，可以位居我之上？」

鼻說：「我能分辨香臭，然後你才可以吃，所以我在你之上。」

鼻又問眼：「你有什麼貢獻，位居我之上？」

眼說：「我能望見四方、分辨好壞，功勞最大，當然位居你的上頭。」

鼻說：「說得有理，但是，眉毛又有何用？」

眉毛說：「我也不跟你們爭，可是我如果位居眼睛和鼻子下面，不曉得你這張面皮要擺哪裡？」

這則寓言印證了前節那個「漫畫圓臉」解說：雖然面部五官「目舌口鼻耳」不

包括眉，事實上眉也沒有任何生理功能，但是，少了那兩道眉毛，一張臉真的會變得很可笑。

換句話說，畫眉、紋眉等化妝術是有道理的，眉毛能和眼睛做適當的搭配，予人的印象肯定不錯。而壓眼、散亂、過長而單調、過短而無神等缺點都可以化妝來改善。

張居正

比較難以人工改良的部分是眉梢的泛光，那又和個人毛髮的質地有關，甚至和人的體質有關。簡單說，毛髮末梢有光彩，意味著循環系統健康，也就是氣血通暢（毛髮對應五臟為心），其人必定精力旺盛——眉主少年運，少年時精力旺盛，自然可以視為「貴相」（事業發達的條件）。而老年氣血已衰，自不易眉梢帶彩，這也是眉主少年運的原因之一。

眉相因為只是眼神的輔佐，而眼相不細述，所以「個中亦有徵范」，變化很多，不可不查。以前章〈容貌〉中提到的明朝改革名臣張居正的畫像為例，他是少年得志、老年更得意，「一林鬚」沒話說，但那兩道眉毛卻是「下垂八字眉」（屬「最下」），所以絕不可以這單一徵象來做論斷（不可不辨）。

靈活運用

左宗棠

湘軍三巨頭曾胡左之一的左宗棠就是標準的劍眉：修長、文秀，尾端尖如劍。他九歲學作八股文，十四歲鄉試（秀才）第一名，十五歲府試（舉人）第二名，是湖南公認的才子，但卻一直沒有考上進士。或許就是這兩道眉毛的主運，他一直到加入湘軍才開啟了事業大門——命中註定要掌兵權。

左宗棠十八歲時在書鋪買到顧祖禹的《讀史方輿紀要》，這是一本將地理與歷史綜合起來研究的書，也是中國第一本涉及地緣政治的著作；之後他又讀到顧炎武的《天下郡國利病書》，對這兩本書視為至寶，早晚研讀，還做了詳細的筆記「另編存錄」。當時一般文人對他沉湎這種不急之務（考試不考）「莫不竊笑，以為無所用之」，左宗棠或許是就是因為如此「不務正業」而考不取進士，但他對歷史、地理、軍事、水利等的研究，卻正是他日後帶兵打仗的有用之學。而他對這方面特有興趣，有可能也是兩道劍眉的「命定」！

第三節 論鬍鬚

原文

鬚有多寡，取其與眉相稱。

多者，宜清、宜疏、宜縮、宜參差不齊；少者，宜健、宜光、宜圓、宜有情照顧。

捲如螺紋，聰明豁達；長如解索，風流榮顯；勁如張戟，位高權重；亮若銀條，蚤登廊廟：皆官途大器。

紫鬚劍眉，聲音洪壯；蓬然虬亂，嘗見耳後；配以神骨清奇，不千里封侯，亦十年拜相。

他如：輔鬚先長終不利、人中不見一世窮、鼻毛接鬚多晦滯、短髭遮口餓終身，此其顯而可見耳。

語譯

人的鬍鬚有多有寡，但重點不在多寡，而在於與眉毛相稱（匹配、協調）。鬍鬚多的話，講求清爽、不交雜、不散亂，而且長短有致；鬍鬚少的話，講求有勁、潤澤、生動，並且與五官相配合。

鬍鬚像螺紋般捲曲（有條理、不亂捲）的人聰明且心胸開闊；鬍鬚長而如散開的繩索般每一根都呈現小捲曲，此人必定有魅力且享榮耀；鬍鬚剛勁有如張開的戟尖，此人必位高權重；鬍鬚如銀條般閃亮的人年紀輕輕就做大官；這些都屬官場大材貴相。

鬍鬚黑中透紫色再配合劍眉與宏亮雄壯的大嗓門、鬍鬚蓬鬆向四方伸出，甚至長到耳朵後方，這兩種鬚相如果搭配神清骨奇，即使不能封為千里侯，也要做十年宰相。

其他的鬚相例如：輔鬚比主鬚長則終究不佳；人中部位生鬚（遮住人中）一輩子不順；鼻毛連接鬍鬚挫折多；短髭遮住嘴巴妨礙終身官運；都是比較顯而易見的（不佳）鬚相（較不顯見者不細述）。

深入剖析

歷史人物中以鬍鬚見稱、最有名的是《三國演義》的美髯公關羽：「身長九尺，髯長二尺；丹鳳眼（長而秀），臥蠶眉（頭尾較細中間略粗）；相貌堂堂，威風凜凜」。

桃園三結義的另一位張飛則是：「身長八尺，豹頭環眼，燕頷虎鬚（蓬鬆散出），聲若巨雷」。關、張二人大致都符合本節的佳鬚相描述。

另一位史書上有記載的美髯人物是元朝建國之前、受到成吉思汗與窩闊台汗重用的宰相耶律楚材。他身高八尺，美髯垂胸，成吉思汗攻下金國中都（今北京）後，慕名召見他，一談之下，大為佩服，留他在身邊隨時諮詢，不稱他名字而呼他為「吾圖撒合里」，意思是「長髯人」（語意親切則有如台語稱「鬍鬚仔」）。

附圖的耶律楚材畫像堪為本章的最佳範本：鳳眼、劍眉與鬍鬚頗能搭配，鬚多而清疏（條理分明），參差不齊但長短有致，輔鬚對稱且不長於主鬚，短髭中間不遮口，但左右八字伸出更添神氣。同時，史書記載他與成吉思汗初見時「聲音洪亮」，果然受到成吉思汗及窩闊台汗的兩代信任與重用，官至中書令（元帝國政府制度的實質宰相）。

現代人留長鬚的已經很少見，大多數男士每天刮鬍子，而且唯恐刮不乾淨，所以鬚相已經用不上了。需要記得的是：鬚眉代表的是男子氣概。我有一個侄甥輩長得非常「漂亮」，他本人因此經常受「同志」之騷擾，深以為苦。他向我求教，我教他「留小鬍子」，果然，就顯得男性化多了。

耶律楚材

靈活運用

曾國藩的功業彪炳，但是一方面他個性謹慎，二方面清廷處處防他，因此曾國藩雖然曾經掌握數十萬雄兵指揮權，門下同時在位的封疆大吏最多有三位總督、五位巡撫，外加河道與漕運總督，但是他一生未曾「位高權重」過，這一點遠遠及不上他的學生李鴻章。

伊藤博文

李鴻章

李鴻章總結自己的一生：「少年科第（二十一歲中舉，二十四歲中進士）、壯年戎馬（組淮軍，平定太平天國及捻亂）、中年封疆（歷任直隸、兩江、閩浙、兩廣總督）、晚年洋務（北洋大臣、總理大臣，參與幾乎所有最重要條約之簽訂）」，歷經道光、咸豐、同治、光緒四代君王，是中國近代史最重要人物之一。

李鴻章的髯鬚正是「勁如張戟」。整體形狀一點也沒有型，每一根既不平順也不捲曲，卻根根分明、根根張牙舞爪，正合「位高權重」之相。

巧的是，他的最大對手日本首相伊藤博文也是同一型鬚相。

《現代人的冰鑑對策》

鬚眉章主要是論人的面部毛髮，而清代男人規定要薙髮，也就是每個人髮型都一樣，這可能也是只談鬚眉而不談頭髮的原因。但是現代人大不同了，薙髮只有在古裝戲裡看得到。

同時，現代人的髮型、鬍鬚、眉毛都可以人工手法做出千變萬化。易言之，「鬚眉男子」是古代人對男性的刻板化印象，在現今這個多元化社會，每一個人的外表形象是可以「自我設計」的，此處只提醒兩點：

對策一：「眉不壓眼」的旨意是相互配合。

無論如何，一身精神具乎雙目是開門見山的第一原則，眉毛的長短濃淡最好是和眼睛相搭配。我們常用的形容詞如：濃眉大眼、眉清目秀、龍眉鳳目等，其實都是眉眼相稱的描繪。但如果你是一雙丹鳳眼，配臥蠶眉就是關公形象，配劍眉也是英雄形象，若自作聰明去畫個柳葉眉，肯定「不壓眼」，但卻顯得輕佻了。

對策二：注意毛髮保養。

鬚眉做為男性表徵，其實也有生理上的意義——很多情況之下，一個人若毛髮稀疏或顏色淡黃，或髮質粗糙，通常意味著營養缺乏甚至體內某部位有病。

倒過來說，你看到一個人頭髮、眉毛烏黑油亮，第一眼你就會覺得他（她）身體很好、精神很好，不必細查對方是不是「泛彩」，反正感覺就是很好。

第六章　聲音

厥見辨聲之法必辨喜怒哀樂吉

當風怒如陰雷起地哀如石擊遠

雪舞以輕清為上聲雄

則貴如鑼則賤聲雌者如雉鳴則

鳴則賤遠聽群雄近聽悠揚起若

第一節 聲與音

原文

人之聲音猶天地之氣，輕清上浮，重濁下墜。始於丹田，發於喉，轉於舌，辨於齒，出於唇，實與五音相配。取其自成一家，不必一一合調。聞聲相思，其人斯在，寧必一見決英雄哉！

語譯

人的聲音和天地之間的氣一樣有清濁之分，清者輕而上浮，濁者重而下墜。聲音從丹田（臍下一寸半至三寸）開始，經喉嚨發聲，在舌頭處轉化，由牙齒校正，最後從嘴唇送出（簡單說就是，聲音由丹田、喉嚨、舌頭、牙齒、嘴唇共同形成），並且和五音（宮商角徵羽）相配和。

聽聲音相人時，要辨識個案的獨特性，不必硬要套入固定格局。聽到聲音就等於見到人一樣，何必非看到面相不可呢？

深入剖析

本節兩段文字乍看似乎有矛盾之嫌：前段說人的聲音與五音相配合，也就是又導入了陰陽五行的框架；但是後段卻又說每個人有他獨特的聲音，不必硬套入固定格局。然而二者並不矛盾，讀者不妨細細體會、琢磨個中意思。

聲音分清濁輕重，於是有上浮或下墜，這就和陰陽兩儀的生成原理相同。既有陰陽，自然就合五行。

五音是宮、商、角、徵、羽，中國傳統音樂就是五聲音階，但陰陽家將五行學說發展成一套可以解釋天地間所有事物的「統一論」哲學體系，當然不能放過聲音這一塊，於是有以下的對應：「宮屬土、商屬金、角屬木、徵屬火、羽屬水。」這是五音，而音樂依其調性主音而有了五行屬性。

至於聲，用現代西方音樂術語來說就是「音色」，也得對應五行：宮聲沉厚、商聲和潤、角聲高暢、徵聲焦烈、羽聲圓急。

於是，單是聲和音的合法（參考〈剛柔〉章）就有五五二十五種變化，再去和頭形、五官、身材、鬚眉的五行搭配來看相，變化就多到不可勝數——隨便你怎麼解釋都通。

因此《冰鑑》回歸到最基本的「聞聲見人」，不必硬去套此人的聲音是「金聲」還是「火聲」；因為，事實上千萬人的聲音有千萬種，豈能以五種區分？

《史記．刺客列傳》寫荊軻出發往秦國行刺秦王政，燕太子丹與門下賓客一律白衣白帽（此行不可能生還）到易水畔為他送別。高漸離擊筑，荊軻和著音樂唱歌，就是最有名的那兩句：「風蕭蕭兮易水寒，壯士一去兮不復還」，起先唱的是「變徵」曲調，在場人士莫不垂淚涕泣，然後轉為「羽聲」，在場人士都為之怒髮衝冠。這一段說明了：變徵是悲愴調性，而羽聲是高亢調性，荊軻的「歌聲」就得配合，否則在場人士不會受感動。而太史公司馬遷的文筆也的確太棒了，光看這一段文字，我們甚至不必聽到荊軻的聲音，就可以想像現場的感覺，也不必看荊軻的面相，由他的歌聲（悲愴轉激昂）就可以體會到這位「史上第一刺客」的意志堅決，這就是「聞聲相思，其人斯在」的意境了吧！

靈活運用

曾國藩領湘軍出征，幾個弟弟也追隨他從軍，其中一位排行第九的曾國荃英勇善戰，立下許多大功勞，但是曾國荃的個性率直剛烈，與湘軍諸多將領不和，讓曾國藩頗為頭痛。

曾國荃第一個不和是左宗棠。當湘軍最後包圍太平天國天京時，左宗棠是浙江巡撫，曾國荃則是攻打天京主力，左宗棠乾脆不加入圍攻，免得和曾國荃起磨擦；李鴻章當時駐上海，幕僚建議他帶兵加入圍攻天京，李鴻章對幕友說：「你難道不曉得曾老九（對天京）志在必得？幹嘛去惹這位煞星？」後來曾國藩下令李鴻章率淮軍馳援金陵，李鴻章刻意放緩行軍速度，而曾國荃則以李鴻章要來激勵部下：「人家要來搶功啦！」於是將士用命，攻陷了金陵城，獨居首功。

左宗棠和李鴻章避得開曾國荃，有一個人卻避不開，就是前面提到過的彭玉麟。彭玉麟和楊岳斌統率湘軍水師，負責肅清長江江面，無可避免要和曾國荃協同作戰，而彭玉麟個性剛直比曾國荃有過之而無不及（外號「彭打鐵」），兩人磨擦自然免不了。

有一次，曾國荃寫信向老哥曾國藩訴說彭玉麟給他的信「聲色俱厲」，這兩封信內容未有流傳，但是曾國藩的回信收錄於《家書》中：

「雪琴（彭玉麟字雪琴）與沅弟（曾國荃字沅甫）嫌隙已深，很難期待你倆能夠水乳交融。沅弟批評雪琴信稿，所言有對也有不對。弟說雪琴信中聲色俱厲，要知道，我們的目力能看見千里之外，卻不能看見自己的睫毛。而我們的聲音、笑貌得罪他人，通常自己看不見、感覺不出。雪琴的『厲』，雪琴自己不知道，但是沅甫的聲音和態度，恐怕也未必不『厲』，只不過自己不知道而已。」

曾國藩、曾國荃、彭玉麟彼此之間是共同出生入死的湘軍將領，所以不必見到面，看到書信文字就已經感受到「聲色俱厲」，想必在閱信時就能夠「如聞其聲、如見其色」。

這個故事雖非說明聲音的相法，但卻深刻說明了「聲音可以代表人的性格」，更由於曾國荃認識彭玉麟很久、很深，所以看信如聞其聲，才感受到對方「聲色俱厲」如在眼前（不必一見決英雄）。

第二節 論聲

本文

聲與音不同。聲主張，尋發處見；音主斂，尋歇處見。辨聲之法，必辨喜怒哀樂：喜如折竹當風，怒如陰雷起地，哀如石擊薄冰，樂如雪舞風前，大概以輕清為上。

聲雄者，如鐘則貴，如鑼則賤；聲雌者，如雉鳴則貴，如蛙鳴則賤。遠聽聲雄，近聽悠揚，起若乘風，止若拍瑟，上上；大言不張脣，細言若無齒，上也；出而不返，荒郊牛鳴；急而不達，深夜鼠嚼；或字句相聯，喋喋利口；或齒喉隔斷，喈喈混談；市井之夫，何足比數？

語譯

聲和音有所區隔。聲負責放送，會在聲音發出時聽見；音負責收斂，會在聲音停歇時聽見。

辨識聲相，必須從人情的喜怒哀樂著手：喜悅之聲有如風吹折竹枝（清脆），憤怒之聲有如地下發出的悶雷（雄壯而不暴烈），悲哀之聲有如石頭擊破薄冰（乾脆），歡樂之聲有如雪花在風中飛舞（飄逸），大致以輕越清新為上品（易言之，重濁為下品）。

聲屬陽剛者，聽起來如鐘聲則為貴相，如鑼聲為賤相；聲屬陰柔者，如雉雞鳴聲則為貴相，如蛙鳴聲則為賤相。

遠聽雄壯，近聽悠揚，發送有如順風飄揚（聲聞千里），停止有如曲終拍瑟（戛然而止），這是上上之品；大聲說話而能不大張其口（聲出自丹田，而不齜牙裂嘴），低聲說話而能不露齒（中氣足），這是上品；發聲而收不回來，這是荒郊中牛叫之相（粗俗）；說話急促卻講不清楚，這是老鼠在夜裡嚼食之相（卑鄙）；至於那些一句接一句、講個不停的人，或喉嚨、牙齒不配合、含混籠統的人，都是市井鄙夫，不值得進行比較。

深入剖析

通常我們不去區分聲和音。如果以本文所說的區隔方法，或許可做常識性的體會：一、聲是子音，音是母音，因為我們說話先發出子音，而收尾只聽見母音；二、聲是音量、音質、聲勢，音是音色。但實質上二者卻都不是，個中妙味有待讀者多做揣摩、體會，並且應與下節對「音」之論述相對照，然後才會有比較具體的認知。我個人的體會是：《冰鑑》所謂「聲」，是指人一開口發聲剎那，而「音」則是語歇之後的餘音。借用〈情態〉章的方法：「久注觀人精神，乍見觀人情態」，則本節應做「乍聽觀人之聲，餘韻觀人之音」，這正是「尋發處見、尋歇處見」的意思。這中間當然也有「聲音容易矯飾，所以在初張口和音歇的剎那去捕捉感覺」之意。

辨別喜怒哀樂，其用意在於：喜怒哀樂是人的情緒，即便是虛偽的人在喜怒哀樂情緒流露時，也很難掩飾其真情，所以是辨聲的最佳時機。

幾個形容詞的詮釋：「喜如折竹當風」，風將竹子吹折的聲音，和用手拗折竹子的聲音不同，前者取其自然、清脆，不帶有後者的勉強、難堪之感；「怒如陰雷起地」，陰雷是暴風雨或大地震來臨前，有時會出現地鳴現象，那是一種蓄積能量將要釋出的聲響，相對於天空落雷的暴烈之聲，取其內斂不放肆；「哀如石擊薄冰」，中國北方冬天河上會結冰，冰塊相互傾軋會發出很刺耳的碎裂聲（請參考《老殘遊記》的形容），相對於石頭擊破薄冰之聲，後者不會予人焦躁和壓迫感；「樂如雪舞風前」，比較一下秋風掃落葉的感覺，同樣受到風力，雪片輕清、落葉重濁。這四句的意思是：一個人在喜悅時發聲，自然就是真情、勉強就是矯飾；在生氣時發聲，內斂就是有修養，暴烈就是欠修養；哀傷時發聲，悲悽難免，但能使聽者感受哀傷卻不生焦躁之感，就是上品；快樂時發聲講求輕清，聞者心情隨之扶搖而上，若是風中落葉那種「飄一陣隨即無力落下」，就不是上品。

人的聲音天生不同，有人雄壯，所謂陽剛之聲，有人陰柔，所謂「雌聲」，但這不代表此人富有或缺乏男性氣概。例如京劇中的角兒，男性唱青衣花旦或小生者，都是他們的聲音本質為雌聲，無損於真實生活中的男性氣概。

所以，聲雄者與聲雌者要分別而論：天生為陽剛之聲者「如鐘則貴，如鑼則賤」，鐘聲宏亮圓渾，鑼聲聒噪刺耳，同為大嗓門，音質決定貴賤；天生陰柔之聲者，「如雉鳴則貴，如蛙鳴則賤」，雉鳴悠長可以傳很遠，蛙鳴短促傳不遠，以此論斷小嗓門的貴賤。

《史記》對聲音與面相有這樣的記載：

楚成王想要立兒子商臣為太子，和令尹子上討論，子上說：「大王年紀還不老，不急著立太子；後宮寵姬又多，將來若要改立太子，一定會造成政治動亂；而且商臣的面相，眼睛像蜜蜂（突出）、聲音像豺狼（刺耳），是個殘忍的人，不宜立他為太子。」楚成王不聽，立商臣為太子。後來楚成王想要改立太子，商臣就發動軍事政變，楚成王自殺，商臣自立為楚穆王。

豺狼之聲應屬「雄聲」，但絕非「鐘聲」，又因其聲刺耳，應屬「破鑼之聲」。然而，商臣仍然登上了王位，而且幹了十二年，還建立了不小的功業，擴大了楚國的版圖。所以，聲音在面相上的重要性排在較後面，商臣的故事只能說他聲相是「狼子野心」會篡位，而眼睛突兀生性殘忍，不能因他的聲音而論定地位的貴賤。

靈活運用

曾國藩手下有一員勇將鮑超，原本是個莽夫，大字不識一個，後來因戰功升到提督，此人天生一副大嗓門，「聲如洪鐘」。

湘軍號稱戰將如雲，但那些多少有互相標榜的成分在內。然而，能獲得敵軍讚譽的戰將，我們應該可以肯定他確實勇敢善戰。

太平軍驍將「英王」陳玉成對於湘軍將領，只肯定「一鮑二李」，一鮑就是鮑超，二李是李續賓、李孟群。李續賓在三河一役陣亡（前已述及），對手就是陳玉成，隔沒幾個月，李孟群又被陳玉成生擒。那年年底，陳玉成對上了鮑超，太平軍五萬人，將鮑超的三千「霆軍」團團包圍。

鮑超字春霆，手下軍隊番號是湘軍「霆字營」，一般稱為霆軍，打仗勇猛，但軍紀最壞，比曾國荃的「吉字營」還壞。但鮑超人粗心細，曉得陳玉成以絕對優勢兵力卻不急攻，是採用「貓戲耗子」戰術，意圖消磨霆軍士氣，等到霆軍士氣瓦解了，才動手攻擊。

鮑超也曉得手下都是比他更粗的老粗，正面打仗不怕死，但在長期被包圍之後，有可能因為受不了長時間的恐懼心理壓力而一夕崩潰。所以他決定採取奇襲突圍，但在發動之前，必須先把士氣打起來。

除夕當天，霆軍一小隊出營砍柴被陳玉成軍擄走，這是雙方第一次「武裝衝突」。

大年夜，全營吃年夜飯，但霆軍營區一片低氣壓。鮑超和將校共飲間，突然發問：「日間被俘的軍士下落如何？」「死矣！」「怎麼死的？砍死？毒死？勒死？你們說，怎麼個死法比較爽快？」

宏亮的聲音感染到帳外軍士，有人站起來喊說：「死就死，我拼了一死殺賊，如果賊死了，我或許可以不死！」

鮑超站出來大聲說：「營中弟兄三千人，戰而樂者，老子跟他一同殺賊；怯而伏（畏縮）者，可以就地退伍，老子跟他喝一杯離別酒。」下令營官統計願戰願退人數，結果，三千霆軍無一退縮者。

大年初一，霆軍發動拂曉攻擊，並且直衝太平軍最密集之處——這又是鮑超膽大心細之處，若衝向薄弱之處，突破缺口容易，但敵軍很快就可以集結追擊，霆軍必然潰散、損失慘重；如今鮑超衝潰了敵軍主力營盤，反而讓陳玉成軍隊「大潰」，霆軍奇襲突圍成功，幾無損失。

這裡要講的重點，是鮑超的聲音。鮑超本人是個大嗓門，三千霆軍都是追隨他征戰多年的老兄弟，早就習慣了他的大嗓門。在那個時刻，鮑超的聲音必然「如鐘」渾厚，若是「如鑼」破裂，話語必帶淒厲之聲，將令軍士心生不祥之感，無法達到效果。

在這裡，鮑超的情緒是「怒」而非「哀」，而他並沒有暴跳如雷（回味〈情態〉篇說的「跳叫愈失」），而是超乎冷靜地問：「怎麼個死法？」然後追擊：「怎麼死才爽？」這就是本文所謂「怒如陰雷起地」——霹靂落雷適足以令人心更恐懼，但陰雷起地則不會嚇到人，而有增強決心與信心的功效。

第三節 論音

本文

音者，聲之餘也，與聲相去不遠，此則從細處曲中見直。

貧賤者有聲無音，尖巧者有音無聲，所謂「禽無聲、獸無音」是也。

凡人說話是聲，其散在左右前後是音。開談若含情，話終多餘響，不惟雅人，兼稱國士；闊口無溢出，尖舌無窕音，不惟厚實，兼獲名高。

語譯

音是聲的餘韻，聽到音的時間和聽到聲的時間並沒有明顯間隔，二者其實聽起來相差不多，必須從細微之處尋求些微差異，猶如在曲線中尋找很小一段直線。

貧賤的人說話有聲無音，圓滑投機的小人說話有音無聲，俗話所說「鳥鳴無聲、獸叫無音」可為比喻。

一般人說話是「聲」，話歇的剎那，散布在四周的餘韻是「音」。開口說話常帶感情（誠懇），話說完，似乎仍有餘音繚繞（令人回味），這種人不但是文雅之人，更是社會棟樑；嘴大但不致粗聲大氣、口齒伶俐但不輕佻，這兩種人不但學養厚實，並且會獲得好名聲。

深入剖析

「禽無聲、獸無音」的形容，對我們體會聲和音的區隔頗有助益：鳥鳴啾啾的音色，無論是婉轉黃鶯還是聒噪烏鴉，都有一個共同特色：沒氣、傳不遠；獸叫如獅吼、狼嚎，前者雄壯、後者高亢，但都很「乾燥」，毫無餘韻。

以此體會「貧賤者有聲無音，尖巧者有音無聲」，就比較容易理解個中意思，尤其是那些投機取巧的小人，說話的聲音有時候還真像鳥叫！但是有一種情形必須分辨清楚：有些人因為喉嚨受傷或呼吸道疾病，說話時「有氣無聲」，而無聲自然無尾音，那不是此處所謂「無聲」與「無音」的意思。

記得〈容貌〉章說的「口闊而方祿千鍾」嗎？男兒嘴大吃四方，闊口只要沒有缺陷、或與眼、鼻、耳不協調，原本就是佳相。而嘴巴大的人通常音量大，切忌粗聲大氣，那就是「溢出」，顯得氣質很差；口闊而不溢出，就是「能容」，通常度量大、格局寬，所以會獲得好名聲。

「尖舌」不是指舌頭尖細，而是口齒伶俐的意思。口齒伶俐的人最忌予人「舌尖齒利」的刻薄印象——有時候，未必是措詞尖酸刻薄，而是語音輕佻，予人輕浮不莊重的感覺。一個講話流利的人，能夠不輕佻，那就是有口才又有口德，自然受人敬重。

東晉時，簡文帝駕崩，大將軍桓溫擺宴款待百官，暗中埋伏武裝士兵，意圖在席上殺掉二位託孤大臣謝安和王坦之，以遂他篡位之圖。

王、謝二人都明知那是鴻門宴，卻又不能不去，王坦之很駭怕，問謝安「該怎麼辦？」謝安神情自若，對王坦之說：「晉朝存亡，就看這一回。」到了宴會場，王坦之的恐懼之情完全顯現在臉上，謝安的寬宏度量也見於面容。二人循階直上，謝安一路吟誦洛陽書生的歌詠「浩浩洪流，帶我邦畿」詩句，桓溫一時懾於謝安的氣度，下令撤去甲兵。

在此之前，王、謝二人齊名，經此事以後，二人乃分出了高下。但此處重點不在二人分高下，而在於謝安歌詠詩句時「少有鼻疾（略有鼻塞不通）」，語音濁」，但是「聲音悠遠曠達」，後來別人想學他，都學不像，只得「以手掩鼻而吟」，卻只聽到鼻音，而達不到「悠遠」的境界。

這可以是「開談若含情，話終多餘響」的最佳詮釋：因為謝安當時的心情使得他對「浩浩洪流，帶我邦畿」詩句有感而發，誠於中而形於外，雖鼻子不通，仍能聲聞四座而餘音繞耳，所以他稱得上是「國士」。後來其他人想學他，但是都缺乏那分胸襟氣度，只學得「掩鼻」，至多不過是附庸風雅的水準罷了。

靈活運用

湘軍有一員將領王鑫，是羅澤南的學生，曾國藩初創湘軍時，致書王鑫，請他「即日來衡（陽），共商一切」，並說「募人之多寡，籌餉之有無，概待足下來商」。以此得見，王鑫對初創湘軍有相當貢獻。

王鑫治軍極嚴。與太平軍交戰時，太平軍曾將貴重匣箱置於道旁「以為誘餌」，但是王鑫的兵士全都「莫敢啟視」。又一次，追擊太平軍途中，糧草乏絕，不得已挖了老百姓種的地薯充飢，王鑫手下的士卒都將銅錢埋入挖出地薯的穴中，以為酬值。老百姓深受感動，甚至為他立「生祠」（為活人立祠膜拜）。

但是，王鑫卻為了募兵與籌餉之事與曾國藩鬧翻。起因是王鑫回湘鄉招募勇丁，曾國藩的命令是「不超過三營」（約一千多人）。這是曾國藩的「精兵厚餉」政策，一方面兵貴精、不貴多，一方面籌得多少餉、才募多少兵。但是王鑫卻招了六營、三千多新丁，曾國藩去信說「恐兩個月後無餉可發」，王鑫就向湖南巡撫駱秉章請得一萬兩銀子，以為新丁訓練餉費。問題是「吃人手軟，拿人手短」，駱秉章因而要求王鑫帶這三千新軍護衛省城長沙，這下子豈不是「自成一軍」？曾國藩在致駱秉章的信函中，說明了他必須與王鑫劃清界線的理由：「大局糜爛，我豈能苛求小節？又豈可再妒才忌功？只因為，一位將領不受節制，其他將領會跟著效法，將導致全軍（湘軍）離心離德」，於是王鑫的部隊不再隸屬湘軍，而歸駱秉章指揮。

咸豐三年，太平軍攻岳州（湖北武昌），曾國藩率湘軍赴援，駱秉章也派王鑫出兵。清軍在蒲圻戰敗，太平軍追擊，曾國藩的湘軍退至岳州城外，但王鑫因為前述的過節，不願和曾國藩一同退回湖南，就率軍入岳州城死守。曾國藩也動了意氣，決定不出兵相救，眼看孤城、孤軍即將不保。

在曾國藩幕中一位頗受他敬重的幕友陳士傑力爭之下，曾國藩最後派水師以砲火掩護，讓王鑫的軍隊突圍成功，生還者九百餘人。後來左宗棠平定浙江、西征新疆，有多位將領出自這九百多人的王鑫舊部（左宗棠也與曾國藩有恩怨，王鑫人馬後來歸入左宗棠指揮，實屬正常）。

重點來了：根據《中興將帥別傳》記載，王鑫的啟蒙師曾形容青少年時期的王鑫：「此人體貌清瘦，目光炯炯射人，聲大而遠，說話如在甕中，而滔滔不絕於詞」。

目光炯炯射人。王鑫的眼神是旺盛且專注的，符合〈神骨〉章「動若赴敵，澄清到底」的形容（因為不是「動若鹿駭（眼神閃爍），別才而思」，所以他不是對曾國藩有二心，而是募兵理念上的不同）。

聲大而遠。符合前節所述「遠聽聲雄，近聽悠揚」的「上上」之相。

說話如在甕中。正是「餘音盈耳」的形容，也就是「話終多餘響」，若生氣發怒時，也必定「如陰雷起地」。

滔滔不絕於詞。王鑫的口才一定很好，而他帶兵，閒時教士兵讀《孝經》、《四書》，顯然符合「尖舌無窕音」。

《現代人的冰鑑對策》

現代科技可以改善鬚眉（髮）的相格，但是改善聲音之相格卻不必用到高科技，自我訓練就可以。

對策一：嗓音破損應該去找醫生。

本章有關聲音的「不佳」部分，只有「如鑼者賤」一句，難以自修改善。然而，很多情形其實是因為平時說話、唱歌方法不對，或因職業性用喉嚨過度（如教師）而傷到了聲帶，這是可以用醫療手段改善的。或去請教醫院的語言治療師，或許可以改善自己的音質。

對策二：不要刻意拉高或壓低聲調。

每個人的音域不同，包括職業演唱家都不能改變自己的音域，最佳對策是在自己最適合的音域當中，求其完美。

我見過不止一位朋友，為了讓他人（老闆、客戶）感覺比較穩重，刻意壓低嗓音講話，久之卻傷到了聲帶，嚴重時甚至無法發聲，最後還是得去看醫生，得到的勸告是「提高聲調」，但是他（她）卻已經不習慣自己原本的正常音域發聲，學習起來備感辛苦。而且，已經傷到的聲帶更無法完全復原，真的成了破鑼嗓。

其實，聲音的相格和他人聽到我聲音的感受大有關係，為什麼「如鐘者貴，如鑼者賤；如雉鳴則貴，如蛙鳴則賤」？很簡單，刺耳就不好聽嘛！

刺耳並不意味著聲調就一定高，蛙鳴就比雉鳴低，如果刻意壓低，可能反而不悅耳。

對策三：每一個字咬清楚，每一句話說完整。

中文咬字講究「字首、字腹、字尾」，用英文的概念則是「子音、母音」咬字清楚。只要你咬字清楚，自然「有聲有音」，而且「話中多餘響」。

咬字清楚後，推而及之「話句說完整」。讀者不妨在看電視新聞時比較各台主播：咬字大致都非常清楚，否則坐不上主播台，但是一段話到了最後，有人可以清晰到底，有人卻將最後幾個字含混在喉舌之間，而不能「辨於齒，出於唇」——信不信由你，大牌主播和墊檔主播的差別就在這裡了！

對策四：無論如何不要急促說話。

「急而不達，深夜鼠嚼」八個字，多麼傳神地描繪出一個急功近利的小人情態？我們周遭這種人不少，未必地位就卑下，也未必人格就卑下，但是肯定格局不大。因為發音急促令人感覺這個人自信不足，卻又力求表現，即使小有斬獲，也不會成大功業。但是這裡必須分辨清楚的是：講話速度快並不意味著急促，每個字發音不清（嚐嚐混談）、每句話之間分界不清（字句相連）才是不佳。說話速度快但卻字句清晰、條理分明的人，是既積極又有效率的「上品」。

對策五：有機會，學一點歌唱技巧。

歌唱的技巧很多，最該學的是換氣。如果你每一句話都要講到「上氣不接下氣」，非但話講不清楚，句子之間的分隔也不對，那還談什麼「話終多餘響」？只有句讀清楚，才能從容不迫「閒談若含情」，人緣自然好。

對策六：語調不可輕佻。

這個對策可以和〈情態〉章對照來看，同時相輔相成。「方與對談，神忽他往」是一種輕忽的態度，對方一定心生不快；但即使你認真專注於對話，講出的話句也屬莊重，可是你的聲音裡出現「窕音」，對方一樣會心生不快。

第七章 氣色

以氣為主於內為精神於外為
終身之氣色少淡長明壯艷老素
年之氣色春青夏綠秋黃冬白
月之氣色朔後森發望後隱躍
日之氣色早青晝滿晚停暮靜

第一節 主近期運勢

原文

面部如命，氣色如運。大命固宜整齊，小運亦當亨泰。是故，光焰不發，珠玉與瓦礫同觀；藻繪未揚，明光與布葛齊價。大者主一生禍福，小者亦三月吉凶。

語譯

面相主一生（或先天註定）大命，氣色主短期（或後天遭遇）小運。大命固然以整齊為宜，小運也以順利平安為佳。

個中道理如同：若沒有光線的話，珍珠寶玉和瓦礫看起來沒有兩樣；如果色澤不能呈現的話，綢緞和粗布的價錢也差不了多少（意謂：若氣色〔小運〕不佳，面相〔大命〕好也沒有用）。

氣色的影響，大者會主宰一生禍福，小者也至少決定三個月吉凶。

深入剖析

「氣」是中國古代哲學當中一個很重要的觀念，它無所不在。不僅僅是我們呼吸的空氣而已，它是萬物生成的本源（陰陽二氣），是人體生命的能量（精氣神），甚至是一種精神境界（浩然正氣）。在這個哲學體系之下，天地御陰陽之氣而成德，萬物興衰就看陰陽是否調和，連政治是否安定都和「氣」有關，天災地變或風調雨順也和陰陽二氣是否通暢有關，人的身體狀況也與此有關。人生三寶精氣神，精神好不好全看氣是否充實、順暢，然後「見乎色而發乎氣」，也就是本章所言「氣色」。至於中醫學與面相學所說的「氣色」，也可以解釋成一體兩面：身體不好，運氣也就不好（沒有健康，萬貫家財也沒意義）；時運不佳時，情緒也會造成身體不佳。

此所以「神骨第一，氣色第七」，看人的精神固然重要，看他的氣色則可以卜至少三個月的吉凶。這麼說好了，如果正逢重大關鍵的時刻，則此時氣色豈不影響一生禍福？

相學上「觀氣」有三個層次：

觀地氣。這裡所謂地氣，不是風水地理的意思，而是某地「氣旺」則自然地靈人傑的意思。

明太祖朱元璋的軍師劉伯溫，傳說他有上通天文、下知地理之能。劉伯溫原本在元朝做過小官，可是向元朝廷建言不被採納，就棄官為民，雲遊四海「望氣」。

他在浙江會稽見到王冕，對王冕的學問和書畫很佩服，但是「膽欠大」，不是打天下的材料，乃告辭離開；到了浙江海寧見到賈銘，賈銘已經糾合了數千人馬，但是「量忒小」，不成大氣候，再託辭離去；江南尋不到英雄人物，劉伯溫向北渡過長江，到了安徽鳳陽，只見路上行人都很有精神，對待外地人很豪爽，甚至遇到一位賣肉的，有氣魄、不斤斤計較。劉伯溫心想：「這地方的人格局都不小，必定會出成大功立大業的人。」於是細心查訪，結果找到了朱元璋——這是一個傳說，但劉伯溫這種行為，就叫做「觀地氣」。歷史上常見「某地有王氣」、「某地紫氣東來」，也都是看當地人的氣質而論斷。

另一種是「觀人氣」。就是本章所謂觀個人的氣色，下節再做詳細論述。

第三種是「觀人之正氣」。這比較脫離相法，而接近道德層面。此處所謂「正氣」，就是文天祥〈正氣歌〉講的那個正氣：「天地有正氣，雜然賦流形（無所不在）。下則為河嶽，上則為日星。於人曰浩然，沛乎塞蒼冥（充滿於天地之間）」。這六句，也說明了氣既是萬物本源也是一種道德境界。

「浩然之氣」語出《孟子》：「其為氣也，至大至剛；以直養而無害，則塞於天地之間。其為氣也，配義與道；無是，餒也。」意思是：這股氣充滿在天地之間，至大且至剛，並且得用道義來配合，沒有道和義，這股氣就萎縮了。

孟子認為：「志，氣之帥也；氣，體之充也。」人因為有志，然後就充滿正氣，然後就會去身體力行，然後才能成功。

於是，觀察到某人有一股什麼樣的氣（剛毅之氣、不平之氣、怒氣、怨氣、驕氣……），他就會去做什麼樣的事。雖說這比較不像相術，但卻能符合《冰鑑》觀文人之相的道理。

文天祥所謂「正氣」和孟子所謂「浩然之氣」，大致上是指道德的正面氣質。

然而，我們可以更廣義地去解釋，亦即包括各種情緒在內，如驕氣、不平之氣等。

春秋時，晉國的政權被六個家族（范、中行、智、韓、魏、趙）壟斷，而六個家族又相互攻伐。智氏最強，先滅了范氏和中行氏，又聯合韓、魏二氏圍攻趙氏的封地晉陽城。

趙襄子派張孟談到敵方軍營去談判，但私下密會韓康子和魏宣子，相約裡應外合攻擊智伯。張孟談在拜見智伯之後，出智伯軍營大門時，遇見智氏族中謀臣智過。智過入見智伯說：「韓魏二家可能叛變。」智伯問：「何以見得？」智過說：「我在大營門口遇見張孟談，他一副有恃無恐的神氣，而且闊步而行。」但是智伯不採信智過的「觀人氣」推測。

張孟談回到晉陽城中，對趙襄子說：「我在敵軍營門遇到智過，他露出懷疑的神色。我們如果今晚不發動攻擊，可能會落後手。」於是秘密通知韓、魏二家，當天夜裡發動攻擊。智伯陣亡，三家瓜分智氏土地。

成敗且不論，智過和張孟談可說是善觀人氣、窺人意的角色了。

靈活運用

湘軍的兵法有一本「聖經」，就是明朝平倭寇名將戚繼光所著《紀效新書》。書中少談理論，注重實效，其中一個特色是採用許多口訣，讓士兵琅琅上口，原因就在「戚家軍」當年也是地方募勇組成，曾國藩組建湘軍於是援用戚繼光的成功經驗，例如前面章節提到的「選用鄉野老實之人，不用城市游滑之徒」，就是襲用戚繼光的選兵原則。

戚繼光最有名的兵法名言：「必死則生，幸（倖）生則死」，前句和「置之死地而後生」類似意思，後句則是「存有僥倖之心，或未接戰先想退路，最終會一敗塗地，喪失性命」。

為了訓練士卒不怕死，就得養成勇氣。湘軍名將左宗棠在這一方面發揮得最好，他說：「練兵之要，首練心，次練膽，而力與技其下焉者也。」所謂「練心」、「練膽」是對士卒，而湘軍將領多用文人，就需要儒家（孟子、文天祥）所謂的「養氣」了。

左宗棠和王鑫有特殊淵源，他對王鑫的評價就是讚揚他「以治心之學治兵，克己之功克敵」。王鑫的綽號「王老虎」，他的部隊經常以寡擊眾，二、三千人歷經大小百餘戰，屢破數萬之敵。左宗棠認為，世人只知王鑫用兵如神，卻不明白王鑫的部隊之所以勇敢善戰，就是因為王鑫懂得「養氣」，例如空閒時教士卒朗讀《孝經》，其實都有蓄積能量的功效。

「養氣」和人臉上的「氣色」又有什麼關係？「氣」是一種抽象概念，下一節會講到「於內為精神，於外為氣色」，也就是說，氣這個東西是誠於中然後形於外的，平日養足「浩然正氣」，上陣時自然士氣高昂。倒過來講，八旗、綠營就是一股萎靡之氣，戰場上兩軍相接，一看敵方萎靡不振，我軍士氣馬上就高了起來，不是嗎？

左宗棠本人酒量不好，但是他每次誓師出發前，總是全軍集合，一人一碗，主帥左宗棠先一飲而盡，然後各將領、營官依次飲過，全軍再一齊喝盡，然後校場上歡聲雷動，大軍出發，民眾夾道看熱鬧——看哪，軍隊的氣色怎麼每個人都那麼好哇！

第二節 與時轉換

原文

人以氣為主，於內為精神，於外為氣色。
有終身之氣色，少淡、長明、壯艷，老素是也。
有一年之氣色，春青、夏綠、秋黃、冬白是也。
有一月之氣色，朔後森發，望後隱躍是也。
有一日之氣色，早青、晝滿、晚停、暮靜是也。

語譯

氣是一個人的主宰，在內體現為精神，在外體現為氣色。
觀察人的氣色要注意時期和時序：
有貫穿人一生的氣色：少年時期稚氣未脫，色淡；成長（青年）時期朝氣蓬勃，色明；成熟（壯年）時期意氣飛揚，氣盛色艷；老年時期持盈保泰，氣實在色樸素。

有貫穿一年的氣色：春天屬木，色青；夏天屬火，色紅（本文此處採用樹木之季節代表色，因此用「夏綠」；但本書作者仍以五行對應來解釋，因此改為「夏紅」）；秋天屬金，金色白，由於肅殺之氣太重不好，所以取「土生金」之意以補其氣，土色黃；冬天屬水，水色黑，但在五臟而言，水為腎，腎虧則色黑，不好，所以取「金生水」之意以補其氣，金色白。

有貫穿一月的氣色：月初開始如枝葉生長伸發，月中（圓）以後則時隱時顯。

有貫穿一天的氣色：早晨起床，開始一天活動，氣色新鮮（此處「青」不做青色解釋，用台語「青」（新鮮）解釋最佳）；白天活動頻繁，氣色充盈；傍晚該休息了（農人日入而息，古時文人則是掌燈時分，今日上班族卻正好下班一條龍），氣色收斂；夜裡萬物皆息，氣色寧靜。

深入剖析

本節所說氣色，和一般人打招呼「最近『氣色』不錯哦」的意思相當接近。差別在於，前者側重生理面，氣色不錯意謂健康狀況不錯，但也有「諸事順遂所以心情開朗」的意味，於是就與本節所說面相學的氣色接近。而生理與命理二者的道理相通，都是「於內為精神，於外為氣色」。

氣色既有終身、一年、一月、一日的長短期區隔，也就呼應了前節「大者主一生禍福，小者亦三月吉凶」。而無論長期或短期，都要合乎自然法則。

陰陽五行哲學的一個重要法則是「順時」，也就是不可違背自然；所謂「少淡、長明、壯艷、老素」就是人一生自少到老的自然過程。例如：小孩子氣色淡是正常，如果氣色太明艷則未必好，少年得志就怕恃才傲物；老人家氣色樸素是正常，若太明艷就是逾分（例如不義之財），逾分常常會帶來意外之災；而若青壯輩氣色淡素，此人恐怕事業不太順利。

所謂「春青、夏綠、秋黃、冬白」的一年氣色，必須對照下二節氣之顏色宜忌來看。也就是在某個季節應該出現當季之色，不可與後二節所說的個別部位氣色宜忌搞混了。

面相學和中醫學都以五行理論解釋所有現象，因此，「氣」在哲學是萬物本源，在醫學是生命能量；它看不到，卻在體內循環，而表現在外的就是精神和氣色。中醫診斷「望聞問切」四法，首要就是「望」氣色、審精神、看膚色，然後「聞」嗓音、嗅氣味（口氣、分泌物、排泄物），再其次才是問病情、切脈。而望診的原理又和面相有相通之處。

靈活運用

回顧前面第三章九十八頁，曾國藩寫給曾國荃的家書中，述及「肝氣」的一段。這一段文字也顯示曾國藩將養氣、養生、養心通通都融會在一起了。

中醫所謂「肝」，不是指肝臟一個獨立器官，而是一整個體系，在五臟是肝臟，在五官是眼，在身體是皮膚。曾國藩青年時受皮膚病困擾極大，到老時目疾幾至失明，在他的家書和日記當中一再出現，而他也一直針對治肝的方向醫治他的癬疾和目疾。

前述信中提及「肝氣」，成因是「氣不行津、津聚為痰、肝氣夾痰循經上行，搏結於咽喉」，症狀是「胸脅脹痛、情志抑鬱；胸悶不舒、食慾不振」。這裡不多談中醫理論，總之，肝氣犯了（生理），人的情緒就不佳（精神），就會肝火上升（氣色），容易跟人家起衝突——生理上的肝氣就成了情緒上的怒氣。

套入五行理論：肝屬木，在四季為春天，所以肝氣常在春天發作。前述那封家書是咸豐三年三月上旬，正是春天，隔年四月中旬家書又提到：「近來肝氣太燥，動不動就跟人家不合，四弟和九弟近日肝氣更旺，不但不能為我解決問題，還給我添了許多唇舌爭端。」之前在道光二十六年二月中旬家書也提及：「始知病在肝虛」（不是指肝病，而是「肝系統」虛弱）。

肝氣要怎麼治？照中醫學的說法：凡冬天保養不當者，春天易得溫病，更易受肝氣侵襲，因此治本之法是冬天做好保養。然而，曾國藩大半生都在戎馬倥傯中度過，豈容奢言保養？於是只有治標，除了施用藥物之外，「戒怒」正是春天養生的首要。這在《黃帝內經》就明確提出，春天應該「生而勿殺，予而勿奪，賞而勿罰」，也就是開闊心胸、抒放情緒，得讓人處且讓人。

讀者且莫說我離題太遠，有道是「相由心生，相隨心轉」，生理的氣色不佳，命理的氣色也不會好到哪裡去。而養生與養氣，經由前述的解釋，其實不正是一體的兩面嗎？

第三節 論好氣色

本文

科名中人，以黃色為主，此正色也。

黃雲蓋頂，必掇大魁；黃翅入鬢，進身不遠；印堂黃色，富貴逼人；明堂素淨，明年及第。

他如眼角霞鮮，決利小考；印堂垂紫，動獲小利；紅暈中分，定產佳兒；兩顴紅潤，骨肉發跡。由此推之，足見一斑矣。

語譯

以科舉應考為事業目標的士子，氣色以黃色為主，這是文人的正色。

黃色若出現在額頭到頭頂的部位，此人必中狀元；黃色由兩顴斜插到鬢角，此人不久後就會登科授官；黃色出現在雙眉之間部位，富貴即將降臨；鼻子部位乾淨無瑕，此人明年必能及第（中進士）。

其他部位氣色，例如：眼角出現像晚霞一樣的鮮色，此人考秀才必定順利；紫色由印堂進入山根（鼻樑上方），經常會獲得小利；兩眼下方出現紅暈（模糊的紅色），會喜獲麟兒；兩顴部位氣色紅潤，兒子或兄弟有好事發生（考中、立功、立業）。由以上例子做推論，面部氣色和命運的關係可以大致了解。

深入剖析

「氣色」和「骨色」一樣不容易觀察。我們較容易看到的是皮膚的顏色，骨色是指透過皮膚之後呈現的一種光澤，而骨是一個人先天的根基（惟石為鎮），骨色是不會變的。但氣色是會隨時變化的，因為氣在身體內流動，呈現在外就是氣色，氣發生了變化，色也就跟著變化。

相者看人氣色又和醫者不同。人生病了，會有一些徵候出現在臉上、皮膚上，出現在五官、手足、軀幹，這是中醫望診的重要依據。但是觀人的運氣之色就得有一些「技術」：有人選擇清晨，有人選擇黃昏，有人藉用燭光，也有人專門看人酒醉、發怒時的氣色。總之，氣色比〈容貌〉章中說的「科名星」、「陰騭紋」更不容易觀察。

本節說「黃色是科舉士子的正色」，但是本節既列於前節之後，作者的意思很明顯：前節所說的「春青、夏綠、秋黃、冬白」原則仍然優先於本節之論述。只不過，氣色固應與五行、四季節氣相配合，各「色」本身又各有所主，例如：青色主是非、黑色主疾厄、白色主折傷（亡故）、赤色主訴訟、黃色主功名。此所以「科名中人以黃色為主」（註：五行代表色各自所主包羅甚廣，此處僅各舉一項）。

除了五行代表色之外，紫色一向被中國人認為是富貴之色，所以「印堂垂紫」會有財運。許多相書上更有一些口訣指出，「印堂垂紫」一出現，生病可以痊癒、官司可以勝訴、謀求可以如願……，總之是好兆頭，只不過都是「小利」，而且只是一時的小利。

黃色是文人正色，但黃色出現的部位愈高則運愈好：清朝男人薙髮，所以人人天庭到頭頂前半都是光的，於是「黃雲蓋頂」可以觀察得到，而頂上黃雲（奪魁）勝過左右黃翅（登科），又勝過印堂黃色（做官）。這個由上往下的順序，是末句

「推之可見一斑」的意思所在——黃色好，但位置愈下則好運愈次。

靈活運用

曾國藩練成湘軍，初試啼聲的第一戰是「靖港—湘潭之役」。那一役，水師在靖港吃了敗仗，可是塔齊布的陸師卻在湘潭大捷。而自太平天國出兩廣以來，官軍敗績多而勝績極少，因此這「半」場勝績給了清廷莫大鼓舞，認為地方團練可堪一用，於是批准了曾國藩的保奏名單——此舉意義重大，且看下文。

在此之前，八旗、綠營等正規軍的士卒稱為「兵」，有編制、有糧餉、有升遷管道，堪稱鐵飯碗；而地方團練的士卒稱為「勇」，屬臨時招募、事後解散的僱傭兵性質。也就是說，兵與勇之間的界線很清楚，正規軍和團練之間的界線也很清楚，團練營官和正式編制的文武官員之間更有一道難以跨越的鴻溝。

但是，在靖港—湘潭戰役之後，曾國藩上奏保舉褚汝航、李孟群、夏鑾、塔齊布等人為道員、知府、副將、提督，北京一律批准，並且授權曾國藩對「立功勇丁發給功牌、頂戴」。這意味著那些落第舉人、秀才從此有了一條做官的「蹊徑」；

以前只有「讀書—考試—做官」這條唯一的正途，現在不必通過考試，打仗也可以做官；而那些一輩子種田的農夫更有了翻身的機會，可以有頂戴、做官了。自此，湘軍士氣高昂，湖南老家的鄉親聞訊，農閒之餘都教子弟習舞槍棒，在七、八年之間，曾國藩每次派人「回鄉募勇若干千人」，都能順利募得目標。

有這麼一個故事：某江湖相士在道光年間路過湘鄉，看見田畝之間的莊稼漢，很多具有「封侯」的特徵，他心想一定是自己所學錯了，那肯定是不可能的事情。於是燒掉相書，改行當道士去了。

那位相士（若真有其人）一來是道行不夠，若他會「望地氣」，或許會看出「這塊地方地氣旺盛，將來要出將相伯侯」；二來是時機未到，那些農夫的面相尚未出現黃色的氣，例如「黃翅入鬢」等。可是一旦時機來臨，人的氣色會轉變的——如果那位相士晚個幾年到曾國藩軍中看相，他一定會達成一項結論：湘軍肯定會成大功、立大業，因為人人都有封侯之相。

這就是「氣色」的影響：面部如命，氣色如運。「光焰不發」的話，珠玉看起來就跟瓦礫沒什麼兩樣。

第四節　論壞氣色

原文

色忌白，忌青。

青嘗見於眼底，白嘗發於眉端。然亦有不同：心事憂勞，青如凝墨；禍生不測，青如浮煙；酒色憊倦，白如臥羊；災晦催人，白如傅粉。又或青而帶紫，金形遇之而飛揚；白而有光，土庚相當亦富貴；又不在此論也。

最不佳者：太白夾日月，烏鳥集天庭；桃花散面頰，頳尾守地閣。有一於此，前程退落，禍患而再三矣。

語譯

面部的氣色忌諱白色和青色。青色通常出現在眼睛下方，白色通常出現在眉梢，但是青、白二色又有不同的型態：由於心事憂勞而出現的青色，會如化不開的墨漬一般；如果是將要遇到不測之禍，青色會如飄浮的煙；由於酒色過度而疲倦而出現的白色，會像躺著的白羊形狀（容易散去）；若是將遇災難厄運，白色會像敷了白粉，似乎附著在皮膚上。有時候，青色當中帶著有紫色，如果是金形人，必定飛黃騰達；有時候白色而泛光澤，如果是土形與庚金相合之人，也會得到富貴；以上這二個特例，不能以忌白、忌青的原則去硬套。

最不好的氣色是：白色出現在兩邊日月角（眉骨與鬢之間）、黑色聚攏在額頭中央、兩頰出現狀似桃花的斑點、下頦出現紅色魚尾。這四種情形只要出現一種，官運將不進反退，而且災禍連連。

深入剖析

上節論吉色，文人以黃色為主；本結論凶色，以青白二色為主。

再說一次，看氣色要非常謹慎，不可遽下斷語，因為變化非常之大。尤其不可忘了季節性的「春青」、一日變化的「早春」都是配合時序的正常現象，而妄言青色出現就是不佳。

同時也要分辨是生理性的心事憂勞或酒色㦖倦所引起的青或白（亦即醫學上的氣色），還是命理上的「禍生不測」或「災晦逼人」。

青如凝墨是生理上的，精神恢復即可化開，但青如浮煙就是一股青氣，似有若無、繞之不去，那就會有不測之禍；臥羊和凝墨是相同意思，是一團白色在那裡，而傅粉就是整片均勻呈現，將有災厄臨頭。

至於最末四種凶色，在其他相書中頗有述及，尤其是日月角（左右眉骨上方）外側出現白氣，家中會發生喪事。而「烏鳥集天庭」正可對比「黃雲蓋頂」，這個部位出現黃氣則中大魁，出現黑氣則受到彈劾丟官。

靈活運用

湘軍賣命打仗，八旗綠營自己不能打，卻很嫉妒，尤其滿人官員對這一幫漢人新貴特別眼紅。曾國藩、胡林翼、駱秉章等這一班進士出身有正職的官員比較難以扳倒，但是左宗棠只是個舉人，初期也只是先後二任湖南巡撫張亮基、駱秉章的幕賓，沒有官職，於是成了中傷對象。

這一件案子後來牽動諸多湖南同鄉官員力保，而源起則是湖南巡撫駱秉章參奏永州鎮總兵樊燮，樊燮為了自保，就赴京上都察院控告駱秉章「劣幕把持」，而這位「把持省政」的師爺就是左宗棠。清廷委令湖廣總督官文審辦此案，官文是滿人，正好藉題發揮，欲藉查辦左宗棠，來扳倒駱秉章。

案發如飆風，官文上疏、朝廷降旨：敕有司密查，一旦所控屬實，准其就地將左宗棠正法！——這殺身大禍即將臨頭。

左宗棠一向恃才傲物，尤其看不起貪財、無能又怕死的滿員，他對官文的觀感，用他自己的話說：「此公與弟則嫌隙已深，伏而未發者數年」。

多年伏而未發，這一次「發」了，而且是爆發，問題在左宗棠看不起官文「此公亦無殺人手段，弟早知之」，就這一線輕忽之心，左宗棠差一點逃不過這一劫，全仗劉蓉緊急通知：「廷旨已降，事態嚴重，網羅四布，請即速避」，左宗棠才急忙出走——胡林翼安排人一路接應，左宗棠由湖南入長江，到達安徽英山，曾國藩的大營正駐紮在那裡。官文再兇，諒他也不敢到曾國藩軍中抓人。

北京城裡，郭嵩燾四處奔走，潘祖蔭連上三疏為左宗棠開脫，當時受咸豐皇帝信任的肅順幫忙說項，再加上胡林翼、曾國藩等前線統兵大員力保，左宗棠才沒事了，還得了個「四品京堂候補」，雖是虛銜，總算有了官銜。

這件事，是左宗棠一生最大的轉捩點，他決心不再居於幕後，自己回湖南招募一支軍隊，名為「楚軍」（以有別於湘軍），以後跟著他平浙閩、平西捻、平回疆，建立了不世功勛。

話說回來，當初若小心謹慎一些，不要輕忽官文，就可以免去這一場險厄。看來，左宗棠的頭頂上，一輩子沒出現過黃雲（沒中過進士），卻可能有一陣子出現過黑氣吧！

世事難料，危機中蘊藏著轉機，塞翁失馬焉知非福，對面相也毋須太過執著，取其趨吉避凶之意可也。謹以此語為本書註腳。

《現代人的冰鑑對策》

這一章可能是人力最不易動搖的部分，因為氣色會變，人的運氣也的確時時有變化，有些事情也真的只能靠運氣——例如市中心找停車位。

於是對策只能消極避禍了。

對策一：完成一切的準備。

所謂「謀事在人，成事在天」，其真意絕不是聽天由命，而是「積極準備，但拋開得失之念」。運氣有可能變壞，有可能所有心血泡湯，可是一旦運氣轉好了，你「接」得住這個好運嗎？

對策二：注意眼底、眉端。

前提當然是你真的「會看」，若不會看，千萬別裝作會看。

全章論「不好」的部分，就是眼底見青、眉端見白，而且是青如浮煙、白如傅粉，若有此現象發生——簡單，在家休息一天嘛！且除非十萬火急的事情，暫不做處置好囉！當然，也可能是「青如凝墨，白如臥羊」而你看錯了，但若是這兩種情形，休息一天也是對的嘛！

冰鑑

冰鑑

神骨章第一

語云脫穀為糠其髓斯存神之謂也山騫不崩惟石為鎮骨之謂也一身精神具乎兩目一身骨相具乎面部他家兼論形骸

文人先觀神骨開門見山此為第一

相家論神有清濁之辨清濁易辨邪正難辨欲辨邪正先觀動靜靜若含珠動若水發靜若無人動若赴敵此為澄清到底靜若螢光動若流水尖巧喜淫靜若半睡動

若鹿駭別才而深思一爲敗器一爲隱流均之託跡二清不可不辨

凡精神抖擻時易見斷續處難見斷者出處斷續者閉處續道家所謂收拾入門之說不了處看其脫略做了處看其針線小

心者從其做不了處看之疎節濶目若不經意所謂脫略也大膽者從其做了處看之慎重周密無有苟且所謂針線也二者實看向內處稍移外便落情態矣情態易見

骨有九起天庭骨隆起枕骨強起頂骨平
起佐串骨角起太陽骨線起眉骨伏犀起
鼻骨芽起顴骨豐起項骨平伏起在頭以
天庭骨枕骨太陽骨為主在面以眉骨顴
骨為主五者備柱石器也一則不窮二則

不賤三動履小勝四貴矣
骨有色面以青為主少年公卿半青面是
也紫次之白斯下矣骨有質頭以聯者為
貴碎次之總之頭無惡骨面佳不如頭佳
然大而缺天庭終是賤品圓而無串骨半

為孤僧鼻骨犯眉堂上不壽顴骨與眼爭
子嗣不立此中貴賤有毫釐千里之辨

剛柔章第二

既識神骨當辨剛柔剛柔即五行生尅之
數名曰先天種子不足用補有餘用洩消

息直與命通此其皎然易見五行有合法木合火水合木此順而合順者多富即貴亦在浮沈之間金與火仇有時合火推之水土皆然此逆而合逆者其貴非常然所謂逆合者金形帶火則然火形帶金則三

十死矣水形帶土則然土形帶水則孤寒老矣木形帶金則然金形帶木則刀劍隨身矣此外牽合俱是雜格不入文人正論五行為外剛柔內剛柔則喜怒伏跳深淺者是喜高怒重過目輒忘近粗伏亦不伉

跳亦不揚近蠢初念甚淺轉念甚深近奸内奸者功名可期粗蠢各半者勝人以壽純奸能豁達者其人終成純粗無周密者半途必弃觀人所忽十得八九矣

容貌章第三

容以七尺為期貌合兩儀而論胸腹手足實接五方耳目口鼻全通四氣相顧相稱則福生如背如湊則林林總總不足論也容貴整整非整齊之謂短不豕蹲長不茅立肥不熊餐瘦不鵲寒所謂整也背宜圓

腹宜突坦手宜温輭曲若彎弓足宜豐滿下宜藏蛋所謂整也五短多貴兩大不揚負重高官鼠行好利此為定格他如手長其身身過於體配以佳骨定主封侯羅紋滿身胸有秀骨配以妙神不拜相即鼎甲

相貌家有清古奇秀之别揔之不必須看科名星陰騭紋為主科名星十三歲至三十九歲隨時而見陰騭紋十九歲至四十六歲隨時而見二見全大物也得一亦貴科名星見於印堂眉彩時隱時見或為剛

針或為小丸嘗有光氣酒後及發怒時易見陰隲紋見於眼角陰雨便見如三义樣假寐時㝡易見得科名星蚕發得陰隲紋遲發二者全無前程莫問陰隲紋見於喉間又主子貴雜路不在此格

目者面之淵不深則不清鼻者面之山不
高則不靈口濶而方禄千鍾齒多而圓不
家食眼角入鬢必掌刑名項見於面終身
錢穀此貴徵也舌脱無官橘面不顯文人
不傷左眼鷹準動便食人此賤徵也

情態章第四

容貌者骨之餘常佐骨之不足情態者神之餘常佐神之不足久注觀人精神乍見觀人情態大家舉止羞澁亦佳小兒行藏跳叫愈失大旨亦辨清濁細處兼論取舍

人有弱態有狂態有疎懶態有周旋態飛鳥依人情致婉轉此弱態也不衫不履旁若無人此狂態也坐止自如問答隨意此懶態也飾其中機不苟言笑察言觀色趨吉避凶此周旋態也皆根其情不由矯枉

弱而不媚狂而不譁踈懶而真誠周旋而健舉皆能成器反此敗類也大概亦得二三矣

前者恒態又有時態方與對談神忽他往衆方稱言此獨冷笑深險難近不足與論

情言不必當極口稱是未交此人故意詆
毀卑庸可恥不足與論事湯無可否臨事
遲回不甚關情亦為墮淚婦人之仁不足
與談心三者不必定人終身反此以求可
以交天下士

鬚眉章第五

鬚眉男子未有鬚眉不具可稱男子者少年兩道眉臨老一林鬚此言眉主蚤成鬚主晚運也然而紫面無鬚自貴暴腮缺鬚亦榮郭令公半部不全霍嫖姚一副寡臉

此等閒逢畢竟有鬚眉者十之九也眉尚彩彩者杪處反光也貴人有三層彩有一二層彩者所謂文明氣象宜踈爽不宜凝滯一望有乘風翔舞之勢上也如潑墨者㝡下倒豎者上也下垂者㝡下長有起伏

短有神氣濃忌浮光淡忌枯索如劍者掌兵權如帚者赴法場箇中亦有微茫不可不辨他如壓眼不利散亂多憂細而帶媚粗而無文最是下乘

鬚有多寡取其與眉相稱多者宜清宜疎

宜縮宜參差不齊少者宜健宜光宜圓宜
有情照顧捲如螺蚊聰明豁達長如鮮索
風流榮顯勁如張戟位高權重亮若銀條
蚤登廊廟皆官途大器紫鬚劍眉聲音洪
壯蓬然虬亂嘗見耳後配以神骨清奇不

千里封侯亦十年拜相他如輔鬚先長終不利人中不見一世窮鼻毛接鬚多晦滯短髭遮口餓終身此其顯可見耳

聲音章第六

人之聲音猶天地之氣輕清上浮重濁下

墜始於丹田發於喉轉於舌辨於齒出於
唇實與五音相配取其自成一家不必一
一合調聞聲相思其人斯在寧必一見決
英雄哉
聲與音不同聲主張尋發處見音主斂尋

歇處見辨聲之法必辨喜怒哀樂喜如折竹當風怒如陰雷起地哀如石擊薄冰樂如雪舞風前大槩以輕清為上聲雄者如鐘則貴如鑼則賤聲雌者如雉鳴則貴如蛙鳴則賤遠聽聲雄近聽悠揚起若乘風

止若拍瑟土上大言不張唇細言若無齒上也出而不返荒郊牛鳴急而不達深夜鼠嚼或字句相聯喋喋利口或齒喉隔斷喈喈混談市井之夫何足比數

音者聲之餘也與聲相去不遠此則從細

處曲中見直貧賤者有聲無音尖巧者有
音無聲所謂禽無聲獸無音是也凡人說
話是聲其散在左右前後是音開談若合
情話終多餘響不惟雅人兼稱國士潤口
無溢出尖舌無寵音不惟實厚兼獲名高

氣色章第七

面部如命氣色如運大命固宜整齊小運亦當亨泰是故光焰不發珠玉與瓦礫同觀藻繪未揚明光與布葛齊價大者主一生禍福小者亦三月吉凶

人以氣為主於內為精神於外為氣色有
終身之氣色少淡長明壯艷老素是也有
一年之氣色春青夏綠秋黃冬白是也有
一月之氣色朔後森發望後隱躍是也有
一日之氣色早青晝滿晚停暮靜是也

科名中人以黃色為主此正色也黃雲蓋
頂必掇大魁黃翅入鬢進身不遠印堂黃
色富貴逼人明堂素淨明年及第他如眼
角霞鮮決利小考印堂垂紫動獲小利紅
暈中分定產佳兒兩顴紅潤骨肉發迹由

此推之足見一斑矣
色忌白忌青青嘗見於眼底白嘗發於眉
端然亦有不同心事憂勞青如凝墨禍生
不測青如浮煙酒色憊倦白如臥羊災晦
催人白如傅粉又或青而帶紫金形遇之

而飛揚白而有光土庚相當亦富貴又不在此論也宸不佳者太白夾日月烏鳥集天庭桃花散面頰赬尾守地閣有一於此前程退落禍患再三矣

余家有冰鑑七篇不著撰人姓名宛似一子世無

刻本恐其湮沒也觀人之法孔有焉廋之辭孟
有眸子之論聖賢所重吾輩其可不知乎此篇
固切於用非同泛書亦兼賞其文辭云爾南海
吳榮光荷屋氏并識

道光乙丑歲仲春香山曾大經綸閣氏書

國家圖書館出版品預行編目資料

冰鑑識人學──看曾國藩如何成功識人、用人／公孫策著；-- 初版. --臺北市：商周出版：家庭傳媒城邦分公司發行, 2006[民95]
面； 公分. --（View point：17）

ISBN 978-986-124-763-2（平裝）

1. 相書

293.2 95019631

ViewPoint 17Y

冰鑑識人學──看曾國藩如何成功識人、用人

作　　者／公孫策
責任編輯／羅珮芳

版　　權／吳亭儀、江欣瑜
行銷業務／周佑潔、黃崇華、賴玉嵐
總 編 輯／黃靖卉
總 經 理／彭之琬
事業群總經理／黃淑貞
發 行 人／何飛鵬
法律顧問／元禾法律事務所 王子文律師
出　　版／商周出版
台北市104民生東路二段141號9樓
電話：(02) 2500-7008 傳眞：(02) 2500-7759
E-mail：bwp.service@cite.com.tw
發　　行／英屬蓋曼群島商家庭傳媒股份有限公司城邦分公司
台北市中山區民生東路二段141號2樓
書虫客服服務專線：02-25007718；02-25007719
24小時傳眞專線：02-25001990；02-25001991
郵撥帳號：19863813　戶名：書虫股份有限公司
讀者服務信箱：service@readingclub.com.tw
城邦讀書花園：www.cite.com.tw
香港發行所／城邦（香港）出版集團
香港灣仔駱克道193號東超商業中心 1F
Email：hkcite@biznetvigator.com
電話：(852) 25086231　傳眞：(852) 25789337
馬新發行所／城邦（馬新）出版集團【Cite (M) Sdn Bhd】
41, Jalan Radin Anum, Bandar Baru Sri Petaling,
57000 Kuala Lumpur, Malaysia.
電話：(603) 90563833　傳眞：(603) 90576622
Email：service@cite.com.my

封面設計／斐類設計工作室
打字排版／極翔企業有限公司
印　　刷／韋懋實業有限公司
經　　銷／聯合發行股份有限公司
電話：(02)2917-8022　傳眞：(02)2911-0053
地址：新北市231新店區寶橋路235巷6弄6號2樓

■2006年11月14日初版
■2023年 2月16日三版1.5刷
Printed in Taiwan

定價／300元

城邦讀書花園
www.cite.com.tw

 ISBN 978-986-124-763-2

商周出版

廣　告　回　函
北區郵政管理登記證
北臺字第000791號
郵資已付，免貼郵票

104　台北市民生東路二段141號2樓

英屬蓋曼群島商家庭傳媒股份有限公司城邦分公司　收

請沿虛線對摺，謝謝！

商周出版

書號：BU3017Y　書名：冰鑑識人學（三版）　編碼：

請於此處用膠水黏貼

商周出版

讀者回函卡

感謝您購買我們出版的書籍！請費心填寫此回函卡，我們將不定期寄上城邦集團最新的出版訊息。

不定期好禮相贈！
立即加入：商周出版
Facebook 粉絲團

姓名：＿＿＿＿＿＿＿＿＿＿ 性別：□男 □女

生日：西元＿＿＿＿年＿＿＿＿月＿＿＿＿日

地址：＿＿＿＿＿＿＿＿＿＿

聯絡電話：＿＿＿＿＿＿ 傳真：＿＿＿＿＿＿

E-mail：

學歷：□ 1. 小學 □ 2. 國中 □ 3. 高中 □ 4. 大學 □ 5. 研究所以上

職業：□ 1. 學生 □ 2. 軍公教 □ 3. 服務 □ 4. 金融 □ 5. 製造 □ 6. 資訊
□ 7. 傳播 □ 8. 自由業 □ 9. 農漁牧 □ 10. 家管 □ 11. 退休
□ 12. 其他＿＿＿＿＿＿

您從何種方式得知本書消息？

□ 1. 書店 □ 2. 網路 □ 3. 報紙 □ 4. 雜誌 □ 5. 廣播 □ 6. 電視
□ 7. 親友推薦 □ 8. 其他＿＿＿＿＿＿

您通常以何種方式購書？

□ 1. 書店 □ 2. 網路 □ 3. 傳真訂購 □ 4. 郵局劃撥 □ 5. 其他＿＿＿

您喜歡閱讀那些類別的書籍？

□ 1. 財經商業 □ 2. 自然科學 □ 3. 歷史 □ 4. 法律 □ 5. 文學
□ 6. 休閒旅遊 □ 7. 小說 □ 8. 人物傳記 □ 9. 生活、勵志 □ 10. 其他

對我們的建議：＿＿＿＿＿＿＿＿＿＿

＿＿＿＿＿＿＿＿＿＿

＿＿＿＿＿＿＿＿＿＿

請於此處用膠水黏貼